Einfach bezaubernd häkeln

Amigurumi – Tierchen, Blüten, Törtchen ...

Maki Oomaci

Stocker

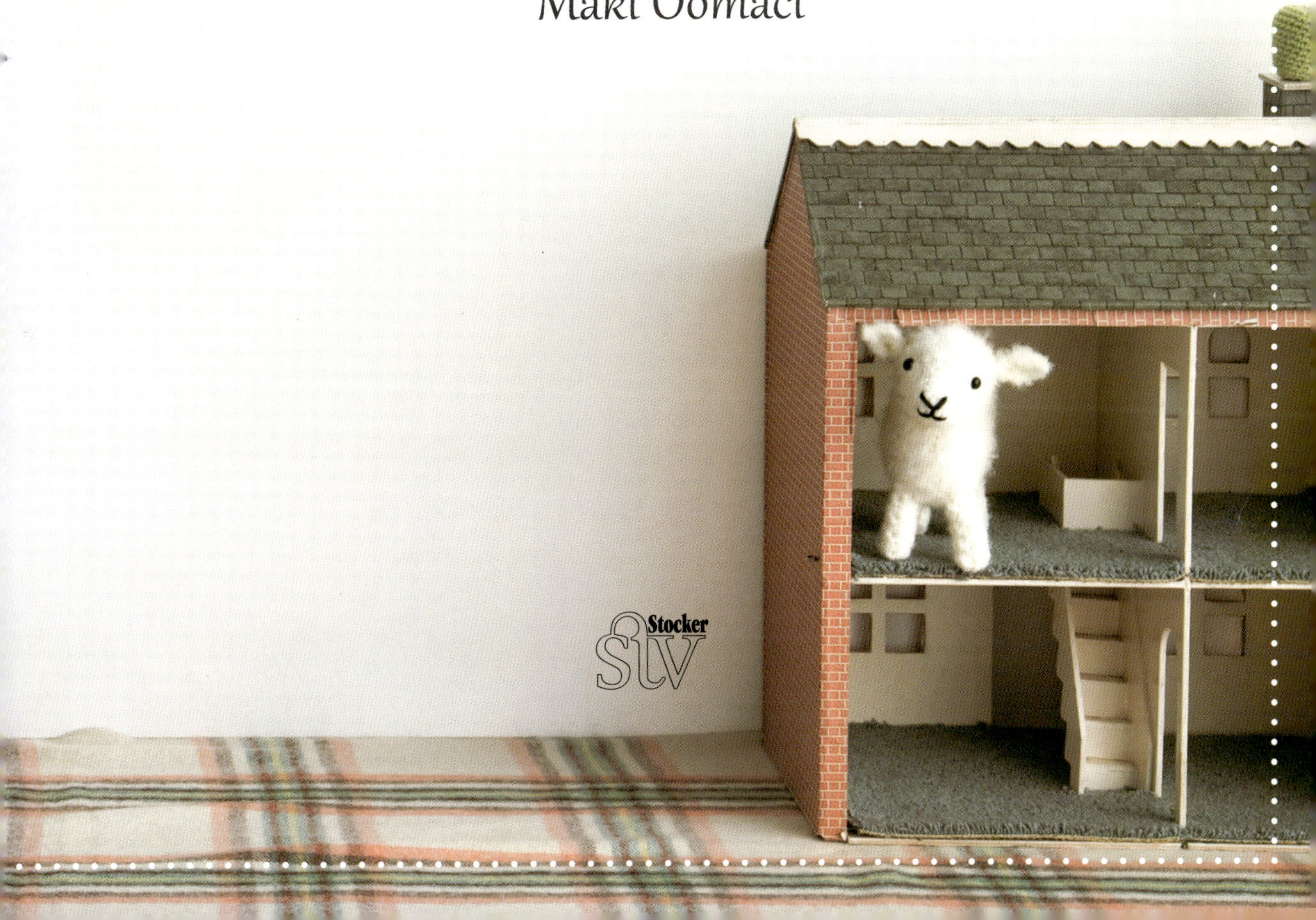

Umschlaggestaltung: Werbeagentur Rypka GmbH, A-8143-Dobl/Graz
Bildnachweis: Cover und Innenteil © Gakken Co., Ltd.

Titel der Originalausgabe [Title of original edition]: Maki Oomaci: Simply Adorable Crochet. 40 of the Cutest Projects Ever! Originally published in 2013 by Race Point Publishing a division of Quarto Publishing Group USA Inc. Based on Amigurumi no Mori and Chiisana Zakka by Maki Oomaci, first published in Japan by Gakken Publishing Co, Ltd, 2011.

Aus dem Englischen ins Deutsche übertragen von Nina Schön.

Bibliographische Information der Deutschen Nationalbibliothek
Die Deutsche Nationalbibliothek verzeichnet diese Publikation in der Deutschen Nationalbibliographie; detaillierte bibliographische Daten sind im Internet über http://dnb.d-nb.de abrufbar.

Der Inhalt des Buches wurde vom Autor und vom Verlag nach bestem Wissen überprüft; eine Garantie kann jedoch nicht übernommen werden. Die juristische Haftung ist daher ausgeschlossen.

Hinweis:
Dieses Buch wurde auf chlorfrei gebleichtem Papier gedruckt. Die zum Schutz vor Verschmutzung verwendete Einschweißfolie ist aus Polyethylen chlor- und schwefelfrei hergestellt. Diese umweltfreundliche Folie verhält sich grundwasserneutral, ist voll recyclingfähig und verbrennt in Müllverbrennungsanlagen völlig ungiftig.

Auf Wunsch senden wir Ihnen gerne kostenlos unser Verlagsverzeichnis zu:
Leopold Stocker Verlag GmbH
Hofgasse 5 / Postfach 438
A-8011 Graz
Tel.: +43 (0)316/82 16 36
Fax: +43 (0)316/83 56 12
E-Mail: stocker-verlag@stocker-verlag.com
www.stocker-verlag.com

ISBN 978-3-7020-1475-9

Alle Rechte der Verbreitung, auch durch Film, Funk und Fernsehen, fotomechanische Wiedergabe, Tonträger jeder Art, auszugsweisen Nachdruck oder Einspeicherung und Rückgewinnung in Datenverarbeitungsanlagen aller Art, sind vorbehalten.

© Copyright der deutschen Erstausgabe: Leopold Stocker Verlag, Graz 2014; 2. Auflage 2015

Layout: Werbeagentur Rypka GmbH, A-8143-Dobl/Graz, www.rypka.at
Printed in China

Inhalt

40 · Rehkitz

9 · Einleitung

46 · Esel

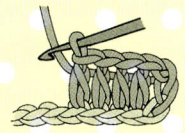
10 · Häkelmaschen

16 · Tipps und Techniken zum Zusammensetzen einer Figur

54 · Nüsse und Beeren

18 · Benötigtes Handarbeitszeug

56 · Lamm

19 · Empfohlene Materialien

62 · Gänseblümchen

21 · Tierbabys

65 · Im Wald

22 · Ein Ziegenpärchen

66 · Häschen

34 · Drei kleine Kätzchen

70 · Erdbeeren

76 · Pilze

78 · Eichhörnchen

84 · Eicheln

86 · Herr & Frau Bär

93 · Rosen

94 · Waschbär

100 · Äpfel & Birnen

102 · Vogelgezwitscher

106 · Familie Quack

115 · Schmetterlinge

116 · Mäuse

119 · Hübsche Blumensträußchen & Pflanzen

120 · Blumenkörbchen

120 · Maiglöckchen

124 · Wildrose

&

Vergissmeinnicht

&

Kamille

130 · Klee

132 · Marienkäfer

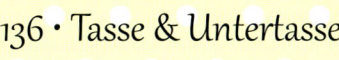
135 · Die süßesten Kleinigkeiten

136 · Tasse & Untertasse

140 · Löffel & Gabel

142 · Makronen

144 · Cupcakes

148 · Donuts

150 · Bonbons

153 · Weihnachtsfeiertage

154 · Kling, Glöckchen, klingelingeling!
&
Strümpfe & Stiefel

158 · Babys Weihnachts-schühchen

164 · Schneeflöckchen, Weißröckchen!
&
Prächtiger Stechpalmenkranz

168 · Geschenkschachteln

170 · Oh Tannenbaum!

175 · Abkürzungen

176 · Über die Autorin

Einleitung

Niedliche kleine Tierchen, leckere Süßigkeiten, Weihnachtsdekorationen und vieles mehr – dieses Buch beinhaltet eine große Auswahl an Häkelmustern, um Stücke zu erarbeiten und zu behalten oder sie Freunden oder der Familie zum Geschenk zu machen. Die Schritt-für-Schritt-Anleitungen umfassen sowohl Diagramme als auch Fotografien.

Abgesehen davon, dass sie einfach bezaubernd sind, macht es auch Spaß, die Muster in diesem Buch zu häkeln. Stehende Tiere werden zuerst flach gehäkelt, wobei das Zählen der Maschen erleichtert wird. Diese Arbeiten sind perfekt für Anfänger geeignet, weil sie die Häkelkenntnisse stärken. Schwierigere Techniken, wie etwa das Rundhäkeln oder das Häkeln um eine Luftmaschenkette, werden nach und nach vorgestellt.

Die kleinen Accessoires sind schnell gemacht und perfekt, um sie mit einer Grußkarte zu verschicken oder ein perfekt verpacktes Geschenk damit zu verzieren.

Bereit für Ihre erste Arbeit?

Lesen Sie sich die Anleitung sorgfältig durch, bevor Sie eine Arbeit beginnen, damit sie eine gute Vorstellung davon haben, wie Sie vorgehen werden. Ziehen Sie dann die Liste der benötigten Gegenstände zu Rate und legen Sie sich Ihr Handarbeitszeug und Ihre Materialien zurecht. So verhindern Sie, dass Sie mitten im Häkeln plötzlich ohne Garn dastehen oder Ihnen die richtige Häkelnadel fehlt.

Wie heißt das?

Das Wort für die entzückenden kleinen Tierchen und die vermenschlichten Spielzeuge heißt *amigurumi*. Gestricktes Spielzeug trägt den Namen *mochi-mochi*. Beide Wörter stammen aus dem Japanischen.

Häkelmaschen

⭕ Luftmasche (Lm)

 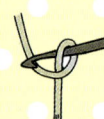  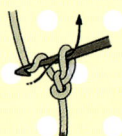 

1 Die Häkelnadel wie gezeigt führen.

2 Eine Schlinge machen.

3 Das Garn umschlagen und durch die Schlinge auf der Nadel ziehen.

4 Das Garn umschlagen und erneut durchziehen.

5 Schritt 4 wiederholen, um die benötigte Länge der Luftmaschenkette zu häkeln.

✕ Feste Masche (fM)

Wenn Sie eine Reihe fester Maschen beginnen, häkeln Sie immer eine Wendeluftmasche (= eine Luftmasche)!

Wendeluftmasche

1 Die Nadel von vorne nach hinten in die nächste Masche der Luftmaschenkette stechen. Das Garn um die Häkelnadel schlagen und durch die Masche nach vorne ziehen.

2 Das Garn noch einmal um die Häkelnadel schlagen und durch beide Schlingen auf der Nadel ziehen.

3 Die ersten beiden Schritte für die nächste Masche wiederholen

4 Weiterhäkeln, bis die Reihe fertiggestellt ist.

Einfach bezaubernd häkeln

Halbes Stäbchen (hStb)

Wenn Sie eine Reihe halber Stäbchen beginnen, häkeln Sie immer 2 Wendeluftmaschen!

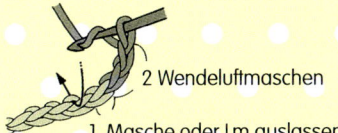
2 Wendeluftmaschen
1. Masche oder Lm auslassen

1 Das Garn um die Nadel schlagen, dann die Nadel von vorne nach hinten in die nächste Masche der Luftmaschenkette stechen. Das Garn um die Nadel schlagen und durch die Masche nach vorne ziehen.

2 Das Garn erneut um die Häkelnadel schlagen und durch alle 3 Schlingen auf der Nadel ziehen.

3 Die Schritte für den Rest der Reihe wiederholen.

> Haben Sie Probleme damit, Ihre Reihenanzahl im Auge zu behalten? Dann versuchen Sie es mit einem Reihenzähler! Einfach einmal am Ende jeder Reihe klicken und schon haben Sie Ihre Reihenanzahl immer im Blick, damit Ihnen kein Fehler mehr unterlaufen kann.

Einfaches Stäbchen (Stb)

Wenn Sie eine Reihe einfacher Stäbchen beginnen, häkeln Sie immer 3 Wendeluftmaschen!

3 Wendeluftmaschen
1. Masche oder Lm auslassen

1 Das Garn um die Nadel schlagen, dann die Nadel von vorne nach hinten in die nächste Masche der Luftmaschenkette stechen. Das Garn um die Nadel schlagen und durch die Masche nach vorne ziehen.

2 Das Garn erneut um die Häkelnadel schlagen und durch die ersten beiden Schlingen auf der Nadel ziehen.

3 Erneut das Garn umschlagen und durch die verbleibenden beiden Schlingen auf der Nadel ziehen.

4 Die Schritte für den Rest der Reihe wiederholen.

Häkelmaschen

Feste Maschen zunehmen (fM zun)

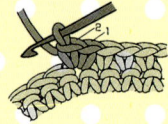

Zwei feste Maschen in dieselbe Masche häkeln.

 ## Feste Maschen abnehmen (fM abn)

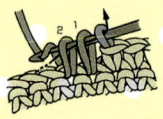

1 Eine Schlinge durch die erste Masche ziehen (KEIN Umschlag und die Masche nicht fertig häkeln), dann die Nadel in die 2. Masche stechen und das Garn durchziehen. Nun haben Sie drei Schlingen auf der Nadel.

2 Das Garn umschlagen und die Nadel durch alle 3 Schlingen ziehen.

 ## Einfache Stäbchen zunehmen (Stb zun)

Zwei Stäbchen in dieselbe Masche häkeln.

 ## Kettmasche (Km)

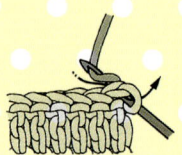

1 Die Nadel von vorne nach hinten in die nächste Masche stechen und das Garn holen.

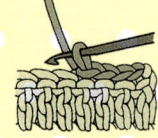

2 Das Garn durch die Masche und die Lm auf der Nadel ziehen.

Einfach bezaubernd häkeln

Büschelmasche aus einfachen Stäbchen (Bm Stb)

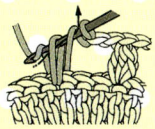  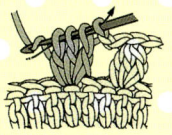 

1. Das Garn umschlagen, in die nächste Masche stechen, einen Umschlag machen und eine Schlinge durch die Masche ziehen. Erneut umschlagen und das Garn durch die ersten beiden Schlingen auf der Nadel ziehen.

2. Das Garn umschlagen, in dieselbe Masche stechen, einen Umschlag machen und die Schlinge durch die Masche ziehen, Garn umschlagen und das Garn durch die ersten beiden Schlingen auf der Nadel ziehen. Schritt 2 so oft wiederholen, wie für die Büschelmasche angegeben.

3. Garn erneut umschlagen und durch alle Schlingen auf der Nadel ziehen.

4. Im Beispiel ist eine Bm aus 3 Stb gezeigt.

Popcornmasche

1. 5 Stb in die nächste Masche häkeln. Die Schlinge auf der Nadel größer als gewöhnlich machen. Die Nadel aus der Schlinge ziehen, in das 1. Stb stechen und die Nadel zurück durch die Arbeitsschlaufe führen. Garn durchziehen wie mit dem Pfeil angezeigt.

2. 1 Lm häkeln, um die ganze Masche zusammenzuziehen.

In das hintere Maschenglied häkeln

1. Die Nadel von vorne nach hinten durch die Rückseite der Masche führen.

2. Das Garn umschlagen, durchziehen und wie als feste Masche abhäkeln.

Rund häkeln

Bilden Sie zuerst einen Fadenring:

> Heften Sie einen Maschenmarkierer an die 1. Masche einer neuen Reihe, um den Überblick nicht zu verlieren.

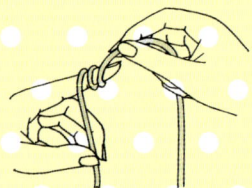 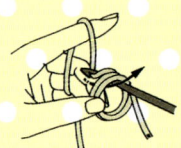 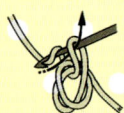 

1 Das Garn 2-mal um Ihren Zeigefinger wickeln und so einen Ring formen.

2 Die Häkelnadel durch die Mitte des Rings führen, einen Umschlag machen und durchziehen.

3 Das Garn umschlagen und durchziehen, um eine Lm zu häkeln.

4 Bei der nächsten Masche die Nadel in den Ring stechen, das Garn erst umschlagen und dann durchziehen.

Faden festziehen

5 Wie gezeigt das Garn umschlagen und durch die 2 Schlingen ziehen.

6 Die 1. fM der Runde ist nun fertiggestellt.

7 Schritt 4 und 5 wiederholen und die nötige Maschenanzahl häkeln. Das Ende des Garns festziehen, um den Fadenring zu schließen.

8 Beenden Sie die Runde, indem Sie eine Kettmasche in die erste Masche der letzten Runde häkeln.

Einfach bezaubernd häkeln

Häkelmaschen

Tipps und Techniken zum Zusammensetzen einer Figur

Hier finden Sie die Techniken, die Sie benötigen, um Ihre Figuren zusammenzusetzen. Darüber hinaus finden Sie hier einige meiner Lieblingstipps und -tricks, die ich über die Jahre gelernt habe. Bitte beachten Sie, dass auf den Fotos hier Garn in einer Kontrastfarbe verwendet wurde, um Ihnen zu helfen, die einzelnen Schritte besser zu erkennen und richtig auszuführen. Sie sollten aber eine dazupassende Farbe verwenden, wenn Sie an Ihren eigenen Stücken arbeiten.

Stücke aneinanderfügen

Wenn Sie Körperteile aneinander befestigen, legen Sie die im Häkeldiagramm mit Sternchen gekennzeichneten Spitzen übereinander und nähen Sie die Stücke mithilfe des Überwendlingstichs zusammen. (Siehe Seiten 22–23 und 70–71 mit Ablauffotos zu Techniken für das Zusammensetzen stehender bzw. rundgehäkelter Tiere.)

1 Zuerst eine Seite des Hauptteils des Körpers mit dem Unterteil des Körpers befestigen und mit dem Überwendlingsstich zusammennähen.

2 So sieht der erste Überwendlingsstich der ersten Häkelreihe aus.

3 Nähen Sie pro Reihe einen Überwendlingsstich.

So stopfen Sie Ihr Tierchen

Nun kommt ein wichtiger Arbeitsschritt; denn wie Sie Ihr Tierchen ausstopfen, beeinflusst maßgeblich seine Körperform und seinen Gesichtsausdruck. Die einzelnen Körperteile erfordern verschiedene Mengen an Füllmaterial. Versuchen Sie, die Füllung nicht in kleine Stücke zu reißen, da dies die fertige Figur plump wirken lässt.

1 Füllen Sie den Kopf recht fest. So stellen Sie sicher, dass er sich nicht mehr verformt, wenn Sie an den Details des Gesichts arbeiten.

2 Verwenden Sie die Rückseite einer Häkelnadel, um die Beine des Tierchens mit mittlerer Dichte zu stopfen, um ihm ein bisschen Halt zu verleihen. Gleichmäßig füllen, sodass die Beine lang und gerade sind, damit Ihr Tier auch sicher stehen kann.

3 Füllen Sie den Rücken des Tierchens als letztes und verwenden Sie genügend Füllmaterial, sodass der Rücken zwar voll, aber noch immer weich ist.

Garn befestigen

Um Ihre Häkelarbeit vor dem Auftrennen zu bewahren, müssen Sie das Garnende befestigen.

1 Ziehen Sie die letzte Schlinge der letzten Masche hoch und führen Sie die Nadel zurück durch die eben erzeugte Masche.

2 Ziehen Sie das Ende des Garns fest, um den Knoten zu befestigen.

Garn nach dem Füllen abschneiden

Fahren Sie nach dem Befestigen damit fort, das Garn weiter durch Kopf und Körper zu führen, um nochmals sicherzustellen, dass sich Ihre Arbeit nicht auftrennt.

1 Führen Sie das Garn mit einer Sticknadel an einer unsichtbaren Stelle durch den Körper und kehren Sie mit der Nadel durch den Körper zurück an den Punkt, wo das Garn vorher befestigt wurde.

2 Schneiden Sie das Garn ganz nah am Körper ab, sodass das Ende im Inneren versteckt ist.

Enden vernähen

Fädeln Sie das Ende des Garns in eine Nadel und schieben Sie es durch die Rückseite einiger Maschen, um es zu vernähen, und schneiden Sie es anschließend ab. Dies versteckt die Enden Ihrer Arbeit und sorgt auch dafür, dass sie sich nicht auftrennt.

Tipps und Techniken zum Zusammensetzen

Benötigtes Handarbeitszeug

Dies sind die grundlegenden Instrumente, die Sie für die Häkelarbeit zur Hand haben sollten:

Häkelnadel

Die Größe der Häkelnadel hängt von der Stärke des verwendeten Garns ab. Die Größen variieren zwischen 2,00 mm bis hin zu 16,00 mm! Je dicker das Garn, umso stärker die Nadel, die Sie verwenden, und umgekehrt.

Sticknadel

Verwenden Sie eine (stumpfe) Sticknadel, um einzelne Stücke zusammenzunähen oder Verzierungen an einer Figur anzubringen. Die Größe des Nadelöhrs sollte zum verwendeten Garn passen.

Verschließbare Maschenmarkierer

Maschenmarkierer helfen dabei, bestimmte Punkte Ihrer Arbeit, wie etwa die Position der Ohren oder anderer Stücke, die noch angenäht werden sollen, zu kennzeichnen. Außerdem sind sie praktisch, um den Rundenanfang zu markieren.

Markiernadeln/Stecknadeln mit Glaskopf

Manche Menschen verwenden gerne spezielle Markiernadeln zum Stricken, um Einzelteile zu positionieren und zusammenzuhalten, während Öffnungen zu- und die Teile aneinandergenäht werden. Verwenden Sie Stecknadeln mit runden Spitzen, damit sich Ihr Garn nicht spaltet.

Lange Garnnadel

Verwenden Sie die längste Nadel, die Sie finden können. Sie sollte lang genug sein, um durch den ganzen Körper Ihrer Häkelfigur stechen zu können, damit etwa Augen oder Schwanz problemlos angenäht werden können.

Reihenzähler

Dieses Helferlein erleichtert Ihnen das Zählen Ihrer Maschen und Reihen. Einfach am Ende einer Reihe oder nach dem Häkeln der Masche (je nachdem, was Sie gerade zählen) oben auf den Knopf drücken. Und ja, dafür gibt es sogar eine Handy-App! Wenn Sie ein Smartphone haben, suchen Sie doch einfach in Ihrem Appstore nach Apps wie „Reihenzähler" oder „Knitting Counter".

Schere

Sie brauchen eine Schere, um Ihr Garn abzuschneiden. Ich empfehle eine kleine, spitze Schere, die präzises Schneiden erlaubt, ohne die Arbeit dabei in Mitleidenschaft zu ziehen.

 Einfach bezaubernd häkeln

Empfohlene Materialien
Suchen Sie sich das richtige Material für Ihre Arbeit aus!

Standardgarn

Standardgarn ist meistens aus Wolle oder Acryl, oft auch aus einem Gemisch aus beidem. Es ist für Arbeiten aller Schwierigkeitsgrade geeignet, auch für Anfänger, da es eine gleichmäßige Stärke hat, die es leicht macht, die Maschen zu zählen. Es wird in einer Vielzahl an Farben und Gewichten in den meisten Handarbeitsläden angeboten.

Spezialgarn

Es gibt ein breites Spektrum verschiedenster Spezialgarne, wie etwa Mohair-Garn oder Garne mit variierender Stärke (vor allem im Handarbeitsladen Ihres Vertrauens zu finden). Diese Garne können es zwar schwieriger machen, die Maschen zu zählen, aber sie ermöglichen vor allem das Häkeln kreativer Effekte, die mit Standardgarn nicht möglich sind. Wenn Spezialgarne für Sie noch neu sind, empfehle ich Ihnen, ein bisschen damit zu üben, bevor Sie sie für eine „echte" Arbeit verwenden.

Baumwollgarn

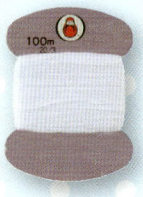

Verwenden Sie Baumwollgarn, wenn Sie Knöpfe annähen möchten oder um Augen oder Details Ihrer Figur zu befestigen. Verwenden Sie das Garn mit einer Nähnadel; Sticknadeln können mitunter zu dick sein, um durch die Löcher der Knöpfe zu passen. Wenn es jedoch zu schwierig ist, das dicke Garn durch das Nadelöhr zu bringen, fädeln Sie dünnes Garn durch das Öhr und knoten Sie in dieses eine Schlinge. Fädeln Sie dann das dicke Garn durch die Schlinge und ziehen Sie die Schlinge mitsamt dem dicken Garn durch das Nadelöhr.

Füllmaterial für Stofftiere (Füllwatte)

Stopfen Sie Ihre Figuren mit Füllmaterial für Stofftiere. Ich empfehle Ihnen, Acryl- oder Polyesterfüllungen zu verwenden, da diese federleicht und einfach zu verwenden sind.

Sicherheitsaugen aus Plastik

Es gibt spezielle Plastikaugen, die genau für Stofftiere wie diese gemacht sind. Sie sind mit einem Schaft versehen, der durch das Material geführt und mit einer Beilagscheibe aus Plastik fixiert wird. Für die Arbeiten in diesem Buch wurden massive schwarze Augen verwendet, aber es gibt Sicherheitsaugen in allen Farben und Formen. Verwenden Sie diese, um zu gewährleisten, dass Ihre fertige Arbeit kindersicher ist.

Der letzte Schliff

Folgende Materialien machen Ihre Spielzeuge noch niedlicher und lebensechter!

1. Transparente Nylonschnur (auch Monofil genannt) eignet sich hervorragend, um Tiere mit Schnurrhaaren zu versehen, wie etwa die Kätzchen auf Seite 34.

2. Band: Ein kleines Stückchen besticktes Band bildet den perfekten Abschluss für Tierchen wie den Esel auf Seite 46. Oder aber Sie suchen sich ein kleines Stück eng gewebtes Seiden-Band aus, um andere Tiere mit süßen Details zu versehen.

Tipps und Techniken zum Zusammensetzen

Ein Ziegenpärchen

TECHNIKSCHWERPUNKT: Eine stehende Figur kreieren

Wie macht man aus ein bisschen Garn und einer Häkelnadel eine dreidimensionale Figur? Wie legen und nähen Sie die flachen Einzelteile zusammen? Diese Schritt-für-Schritt-Anleitungen zeigen Ihnen, wie das geht.

Körper, Kopf, Vorder- und Hinterbeine werden in einem Stück gehäkelt, damit die Figur sicher und stabil steht. Dieses Muster ist Schritt für Schritt aufgebaut, um Ihnen zu zeigen, wie die Stücke Form annehmen und dann zusammengesetzt werden. Diese Schritte können sowohl für stehende als auch für sitzende Figuren als Anhaltspunkte verwendet werden.

Material

- Dickes Garn (grobe Wolle) in 2 Farben (hier in Schwarz und Weiß) mit je 55 m (36 g).
- Mittleres Garn (mittelfeine Wolle) in Rosa (kleine Menge für Mäulchen, Nase und Details)

Handarbeitszeug

- Häkelnadel, 5 mm
- Stick- oder Garnnadel
- je 30 g Füllwatte
- je 2 schwarze Knöpfe oder Sicherheitsaugen
- Besticktes Band, je 35 cm (optional)

Abmessungen*

Die fertige Größe beträgt 18 x 15,5 x 8 cm.

*Beachten Sie, dass die Abmessungen nur ungefähr sind und je nach Spannung und Garnwahl variieren können.

Anmerkungen zum Muster

Das Muster wird flach in Hin- und Rückreihen gehäkelt, wobei vier Haupt-Körperteile und vier kleinere Teile entstehen. Nach dem Häkeln werden die Stücke mit Garn und einer Sticknadel im Überwendlingsstich zusammengenäht.

Verwendete Maschen

Gehäkelt: Luftmasche (Lm), Wendeluftmasche (Wm), feste Masche (fM), feste Masche zunehmen (fM zun), feste Masche abnehmen (2 fM zus häkeln), Kettmasche (Km). Details und Nähen: Überwendlingsstich, Sticken (siehe Seite 10–13 für detaillierte Anleitungen).

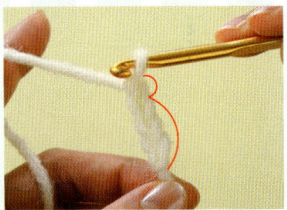

1 Mit einem Vorderbein beginnen: 4 Lm. Die 3 unteren Lm sind die Anfangskette, die darüber liegende Lm ist die Wm.

2 Reihe 1: Mit der 2. Lm von der Nadel beginnen, je 1 fM in jede Lm (3 fM gehäkelt), 1 Lm, sodass sich je 1 Lm am Ende jeder Reihe befindet. Das sind die Wm. Die Muster zeigen diese als Beginn jeder Reihe an.

3 Reihe 2–10: Reihe 1 wiederholen. Am Ende der Reihe eine Schlinge auf der Nadel behalten. Das Vorderbein ist fertig.

4 Rumpf beginnen: Mit der auf der Nadel verbliebenen Schlinge 14 Lm häkeln (Wm mitgezählt).

Reihe 1: Mit der 2. Lm von der Nadel beginnen, 16 fM, 1 Lm häkeln. Achten Sie darauf, die Lm-Kette nicht zu verdrehen, wenn Sie diese Reihe beginnen.

5 Reihe 2: 1 fM zun, 15 fM, 1 fM zun, 1 Lm. (insgesamt 18 M)

So sieht das Zunehmen fester Maschen aus.

6 Reihe 3–5: Je 1 fM in jede M entlang der Arbeit, 1 Lm

Ein Ziegenpärchen

7 **Reihe 6:** 2 fM zus häkeln, 14 fM, 2 fM zus häkeln, 1 Lm.

8 **Reihe 7:** 2 fM zus häkeln, 14 fM, 1 Schlinge auf der Nadel behalten. Der Rumpf ist fertig.

9 **Kopf beginnen:** Mit der auf der Nadel verbliebenen Schlinge 6 Lm häkeln (Wm mitgezählt)

Reihe 1: Achten Sie darauf, die Lm-Kette nicht zu verdrehen, und beginnen Sie mit der 2. Lm von der Nadel, 9 fM, 2 fM zus häkeln, 1 Lm, Arbeit vor Ende der Körperreihe wenden.

10 **Reihe 2–5:** 10 fM, 1 Lm.
Reihe 6: 8 fM, 2 fM zus häkeln, 1 Lm.
Reihe 7: 2 fM zus häkeln, 5 fM, 2 fM zus häkeln, 1 Lm.
Reihe 8: 5 fM, 2 fM zus häkeln, 1 Lm.
Reihe 9: 2 fM zus häkeln, 2 fM, 2 fM zus häkeln.

11 Garn abschneiden, einen Faden von etwa 15 cm stehenlassen und dann durchziehen. Der Kopf ist fertig.

12 **Hinterbeine wie folgt häkeln:** Garn am unteren Ende des Körpers, gegenüber des Vorderbeins wieder befestigen. 1 Lm als Anfang häkeln.

13 **Reihe 1:** 5 fM, 1 Lm häkeln.
Reihe 2: Reihe 1 wdh.

14 **Reihe 3:** 3 fM, 2 fM zus häkeln, 1 Lm.
Reihe 4: 2 fM zus häkeln, 2 fM, 1 Lm.

Reihe 5–9: 3 fM, 1 Lm.
Reihe 10: 3 fM, Garn abschneiden, einen Faden von etwa 15 cm stehenlassen und dann durchziehen. Das Hinterbein ist fertig.

Einfach bezaubernd häkeln

15 Um den Rumpf abzurunden, das Garn am oberen Ende des Körpers wieder anbringen, 1 Anfangs-Lm häkeln, dann 4 fM, 1 Km in die nächste M.

16 Garn abschneiden, einen Faden von etwa 15 cm stehenlassen und dann durchziehen

17 Die Schritte 1–16 wdh, um die zweite Körperhälfte zu häkeln. Sie können alle Fäden nun vernähen oder auch stehen lassen, um Sie zum Zusammennähen zu verwenden.

Bauch und Beininnenseite

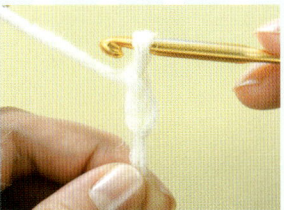
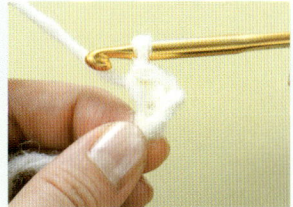

18 2 Lm anschlagen (1 Anfangs-Lm und 1 Wm).

19 **Reihe 1:** Mit der 2. Lm von der Nadel beginnen, 1 fM, 1 Lm häkeln.

Reihe 2: 1 fM zun, dann 1 Lm.

20 **Reihen 3–7:** 2 fM, 1 Lm.

Reihe 8: 1 fM, 1 fM zun, 1 Lm.

Reihe 9–12: 3 fM, 1 Lm.

Reihe 13: 2 fM zus häkeln, 1 fM, 1 Lm.

Reihe 14–17: 2 fM, 1 Lm

Reihe 18: 2 fM zus häkeln, 1 Lm.

Reihe 19: 1 fM. Garn abschneiden, einen Faden von etwa 15 cm stehenlassen und dann durchziehen. Der Bauch ist fertig.

21 Beginnen Sie nun die Beininnenseiten. Das Garn an der 4. Reihe des Bauches für das erste Hinterbein befestigen.

Reihe 1: 1 Lm, dann 3 fM entlang der Seite häkeln.

22 Am Ende der 10. Reihe das Garn abschneiden, einen Faden von etwa 20 cm stehenlassen und durchziehen. Schritt 21–22 auf der gegenüberliegenden Seite des Bauches für das zweite Hinterbeinchen wiederholen.

Ein Ziegenpärchen

Hinterkopf

23 Für die vorderen Beininnenseiten das Garn in Reihe 15 des Bauches wieder anbringen.

Reihe 1: 1 Lm, dann 2 fM entlang der Seite häkeln.

Reihe 2–10: 2 fM, dann 1 Lm. Am Ende der 10. Reihe das Garn abschneiden, einen Faden von etwa 20 cm stehenlassen und durchziehen. Schritt 23 auf der gegenüberliegenden Seite des Bauches für das zweite Vorderbeinchen wiederholen. Bauch und Beininnenseiten sind nun fertig.

24 Wie beim Bauch auch hier 2 Lm anschlagen (1 Anfangs-Lm und 1 Wm).

Reihe 1: Mit der 2. Lm von der Nadel beginnen, 1 fM, 1 Lm.

Reihe 2: 1 fM zun, dann 1 Lm.

Reihe 3: 1 fM, 1 fM zun, 1 Lm.

Reihe 4: 1 fM, 1 fM zun, 1 fM, 1 Lm.

Reihe 5: 1 fM, 1 fM zun, 2 fM, 1 Lm.

Reihe 6–8: 5 fM, 1 Lm.

Reihe 9: 2 fM zus häkeln, 1 fM, 2 fM zus häkeln. Das Garn abschneiden, einen Faden von etwa 20 cm stehenlassen und durchziehen. Der Hinterkopf ist fertig.

Mäulchen

25 Häkeln Sie das Mäulchen, indem Sie rund häkeln (siehe Seite 14 für detaillierte Anleitung). Beginnen Sie mit einem Fadenring, 1 Lm und 1 fM in die Schlinge häkeln, als wäre es eine normale Häkelmasche.

26 Runde 1: Weitere 4 fM entlang der Schlinge häkeln.

27 Am Garnende ziehen, um den Fadenring festzuziehen. Runde 1 mit einer Km in die 1. fM der Reihe vervollständigen (am Ende jeder der folgenden Runden ebenfalls eine Km häkeln).

Ohren (2-mal häkeln)

Schwänzchen

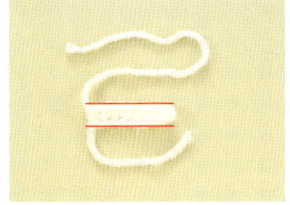

28 **Runde 2:** 1 Lm, (1 fM, 1 fM zun) 2-mal, 1 fM, 1 Km.
Runde 3: 1 Lm, (1 fM zun, 1 fM) 3-mal, 1 fM zun, 1 Km.
Runde 4: 1 Lm, 11 fM, 1 Km. Das Garn abschneiden, einen Faden von etwa 20 cm stehenlassen und durchziehen. Das Mäulchen ist fertig.

29 2 Lm anschlagen.
Reihe 1: Mit der 2. Lm von der Nadel und 1 fM, 1 Lm häkeln.
Reihe 2: 1 fM zun, dann 1 Lm.
Reihe 3: 1 fM, 1 fM zun, 1 Lm.
Reihe 4: 1 fM, 1 fM zun, 1 fM, 1 Lm.
Reihe 5: 1 fM, über die nächsten 2 M 1 fM abn, 1 fM, 1 Lm als Wm.
Reihe 6: Über die nächsten 2 M 1 fM abn, 1 fM, 1 Lm als Wm.
Reihe 7: Über die nächsten 2 M 1 fM abn. Das Garn abschneiden, einen Faden von etwa 20 cm stehenlassen und durchziehen. Für das 2. Ohr wiederholen.

30 **Reihe 1:** Seien Sie vorsichtig, dass Sie die Luftmaschenkette nicht verdrehen und häkeln Sie 7 fM. Das Garn abschneiden, einen Faden von etwa 20 cm stehenlassen und durchziehen. Das Stück vorsichtig der Länge nach in der Mitte zusammenfalten und die Seiten im Überwendlingsstich (siehe Seite 16) wie eine Röhre zusammennähen.

Die Einzelstücke zusammennähen

Siehe Seite 32 für weitere Details über die Fertigstellung stehender Tiere.

31 Befestigen Sie die Kante des Bauchs an einer der Körperhälften, und zwar dort, wo auf dem Häkeldiagramm ein Sternchen steht. Nähen Sie sie mit dem Überwendlingsstich zusammen. Arbeiten Sie hier von vorne nach hinten.

32 Die zweite Körperhälfte auf der anderen Seite des Bauchs auf dieselbe Weise annähen und von hinten nach vorne arbeiten.

33 Nun den Kopf von vorne nach hinten zusammennähen und dabei auf die Sterne achten. Den Rücken für die Füllung offen lassen. Wenn Sie Sicherheitsaugen verwenden, bringen Sie diese jetzt vor dem Stopfen an (folgen Sie der Anleitung auf der Packung).

Ein Ziegenpärchen

Füllung

34 Kopf, Beine und Körper mit Füllwatte ausstopfen.

35 Den Rücken mit dem Überwendlingsstich zunähen.

Mäulchen, Schwanz und Ohren anbringen

36 Das Mäulchen mit einer geringen Menge Füllwatte stopfen, um es in Form zu bringen. Platzieren Sie dieses gefüllte Mäulchen nun im Gesicht (verwenden Sie evtl. Markiernadeln, um die Position zu halten) und nähen Sie es mit dem Garnende an. Restliches Garn verweben.

37 Verwenden Sie die verbleibenden Garnenden und eine Sticknadel, um die Füße unten zu schließen. Ziehen Sie das Garn fest, um das Loch zu schließen. Alle Enden abschneiden und verweben.

38 Benutzen Sie das Garnende, um das Schwänzchen am Körper zu befestigen.

39 Nähen Sie beide Ohren an (und halten Sie sich dabei an das Häkeldiagramm).

40 Falls Sie Knöpfe als Augen verwenden, bringen Sie diese nun an (beachten Sie dabei das Häkeldiagramm). Fügen Sie mit ein wenig rosafarbenem Garn Details für Nase und Mäulchen mit einfachen, geraden Stichen hinzu. Wenn Sie möchten, können Sie dem Zicklein noch ein Band um den Hals legen, um es zu verschönern.

Einfach bezaubernd häkeln

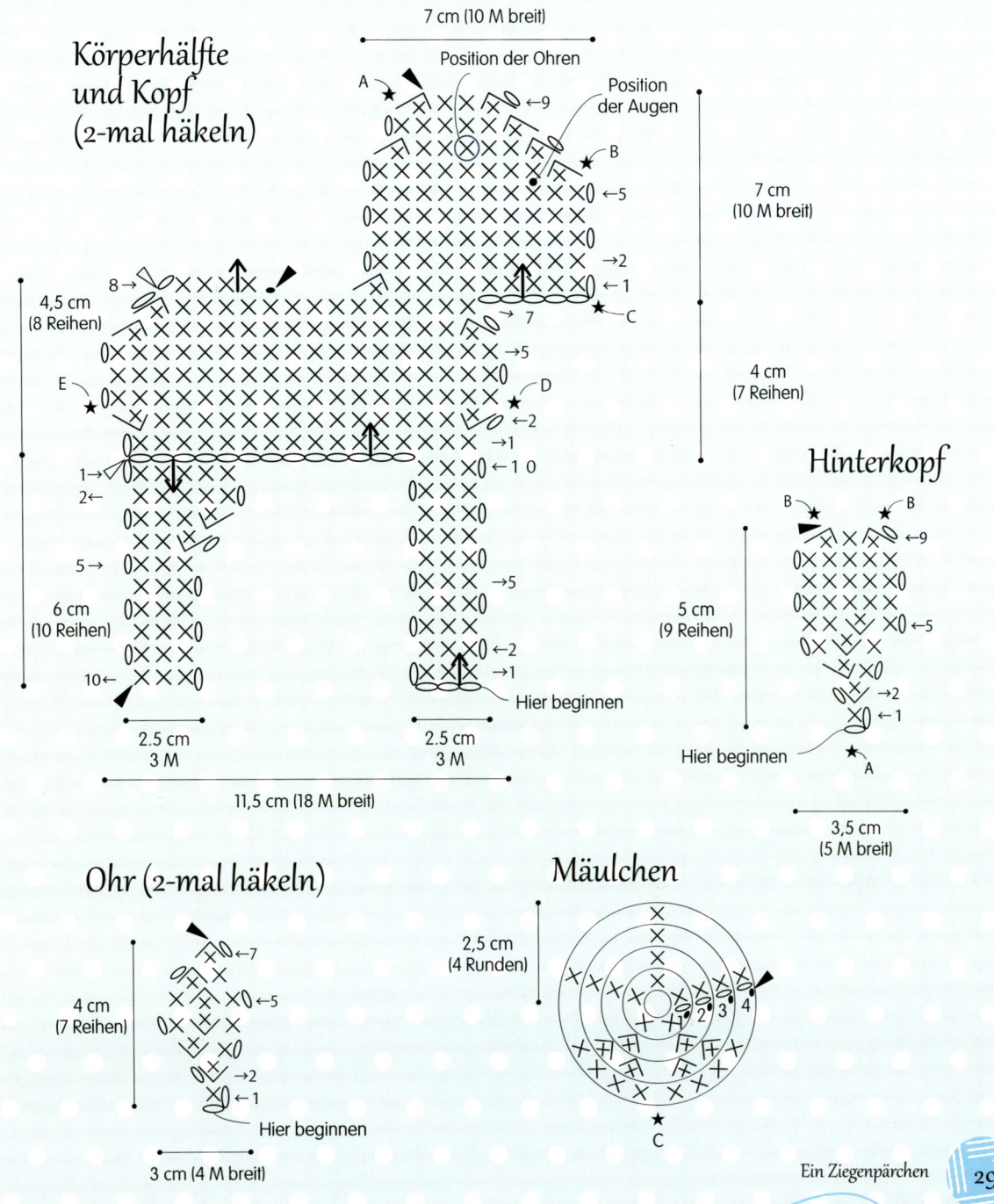

Bauch und Beininnenseiten

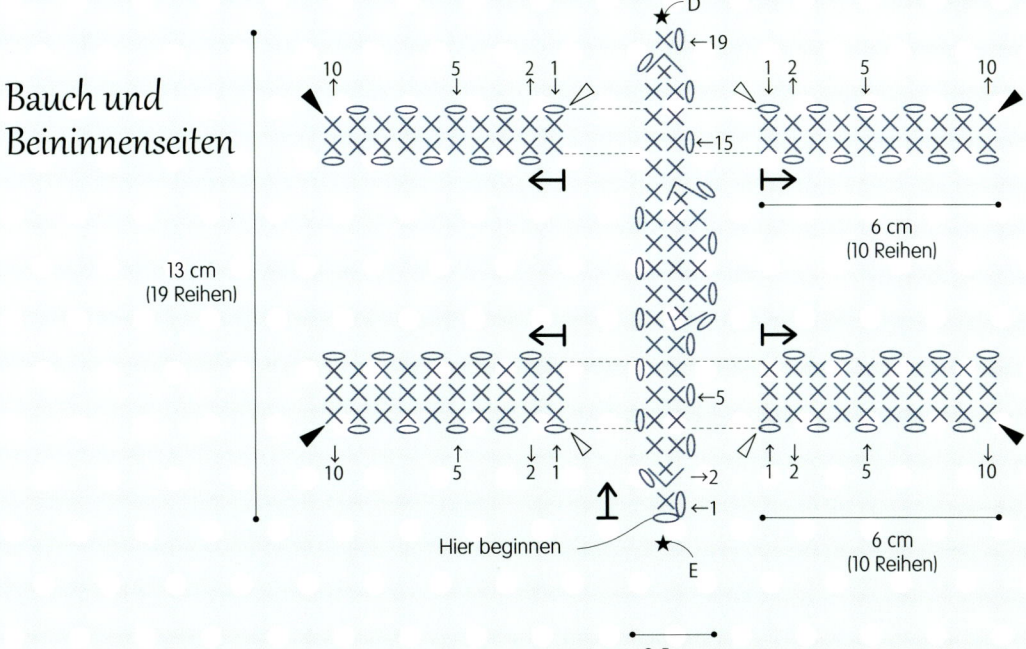

Schwänzchen

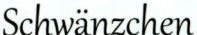

0,5 cm (1 Reihe)
Hier beginnen
4,5 cm (7 M breit)

Anordnung von Mund- und Nasenstichen.

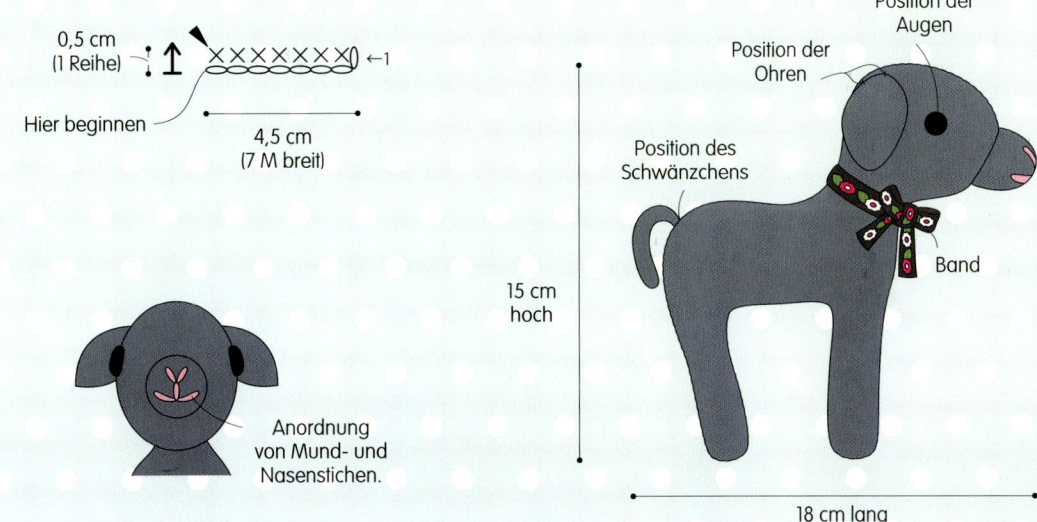

Position der Augen
Position der Ohren
Position des Schwänzchens
Band
15 cm hoch
18 cm lang

Ein Ziegenpärchen

Körperteile zusammenfügen – stehende Figuren

Ziege, Kätzchen, Rehkitz, Esel, Lämmchen

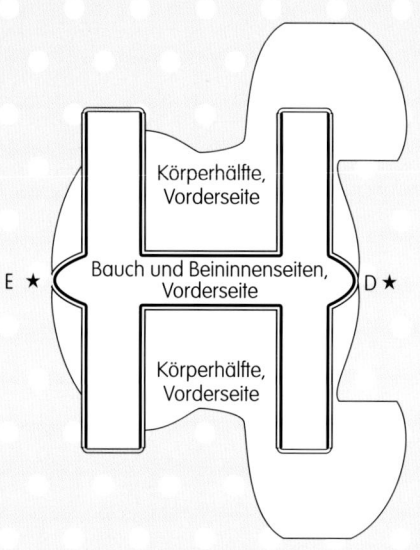

1. Beginnen Sie an den mit „D" und einem Sternchen versehenen Punkten und legen Sie die beiden Körperhälften und den Bauch zusammen wie in der Abbildung gezeigt. Die Teile mit dem Überwendlingsstich an einer Seite bis zum E zusammennähen (orientieren Sie sich an der fetten Linie im Diagramm). Lassen Sie die Unterseiten der Füße offen und arbeiten Sie sich dann Ihren Weg auf der anderen Seite zurück zum Anfangspunkt D.

2. Wenn Sie wieder bei D angelangt sind, arbeiten Sie sich zu C vor und verwenden Sie die dicke Linie im Diagramm wieder zur Orientierung.

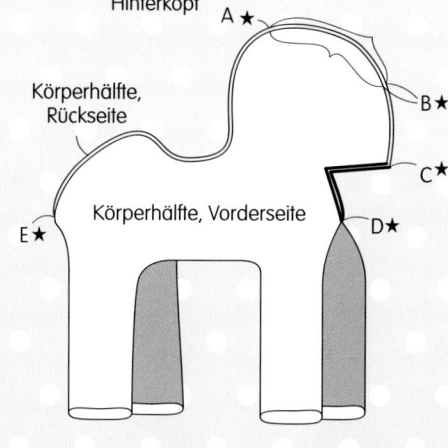

3. Platzieren Sie den Teil des Hinterkopfes am Körper, sodass er mit den mit „A" und „B" und einem Sternchen versehenen Punkten zusammenpasst. Nähen Sie auf einer Seite von B nach A und kehren Sie dann auf der anderen Seite zu B zurück. *(Anmerkung: Wenn Sie am Kätzchen arbeiten, nähen Sie von C nach B; lassen Sie bei allen anderen Tieren die Naht von B nach C für das Mäulchen in Schritt 7 offen.)*

4. Befestigen Sie Ihr Garn wieder bei A (oder verwenden Sie ein Garnende, falls Sie dort noch eines haben) und beginnen Sie damit, den Hinterkopf den Hals hinunter zuzunähen. Falls Sie Sicherheitsaugen verwenden, setzen Sie diese nun ein. Füllen Sie Beine, Kopf und Körper mit der Füllwatte.

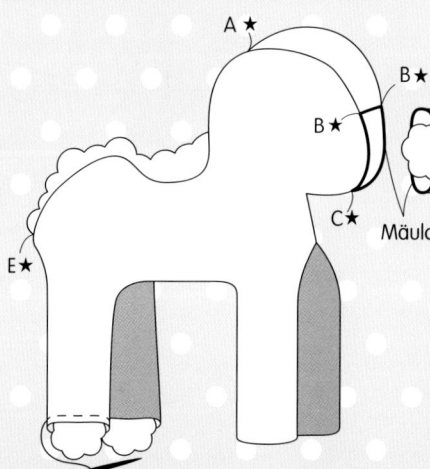

5. Füllen Sie den Rücken und bringen Sie dabei die Figur in die richtige Form. Nähen Sie den Rest des Körpers von A nach E zu.

6. Nähen Sie die Fußsohlen mit den verbliebenen Garnenden zu und ziehen Sie das Garn fest.

7. Bringen Sie das Mäulchen an der Vorderseite des Kopfes an. Wenn Sie etwa auf halber Strecke angelangt sind, füllen Sie es, um ihm seine Form zu verleihen. Schließen Sie die restliche Naht, befestigen Sie das Garn und verweben Sie das Ende.

Ein Ziegenpärchen

Drei kleine Kätzchen

Material

- Dickes Garn (grobe Wolle, Gemisch aus grober Wolle und Acryl) in 3 verschiedenen Farben (hier Dunkelgrau, Weiß und Senfgelb) mit je 55 m (36 g).
- Mittleres Garn (Gemisch aus Wolle und Acryl) in Braun oder Schwarz (kleine Menge für Nase und Details)

Handarbeitszeug

- Häkelnadel, 5 mm
- Stick- oder Garnnadel
- Nähnadel und Baumwollgarn (wenn Sie Knöpfe als Augen verwenden)
- je 30 g Füllwatte
- je 2 schwarze Knöpfe oder Sicherheitsaugen
- etwa 25 cm Nylonschnur oder Angelschnur für Schnurrhaare, in drei gleich große Teile geschnitten.

Abmessungen*

Die fertige Größe beträgt 14 x 14 x 7,75 cm.

Beachten Sie, dass die Abmessungen nur ungefähr sind und je nach Spannung und Garnwahl variieren können.

Anmerkungen zum Muster

Das Muster wird flach in Hin- und Rückreihen gehäkelt und drei Haupt-Körperteile und vier kleinere Teile entstehen. Nach dem Häkeln werden die Einzelteile mit Garn und einer Sticknadel im Überwendlingsstich zusammengenäht. Die Nylonschnur wird verwendet, um die Schnurrhaare anzubringen, die den Kätzchen Ausdruck verleihen.

Verwendete Maschen

Gehäkelt: Luftmasche (Lm), Wendeluftmasche (Wm), feste Masche (fM), feste Masche zunehmen (fM zun), feste Masche abnehmen (2 fM zus häkeln), Kettmasche (Km). Details und Nähen: Überwendlingsstich, Sticken (siehe Seite 10–13 für detaillierte Anleitungen).

*Anmerkung: Am Ende jeder Reihe befindet sich 1 Lm. Diese wird als Wendeluftmasche (Wm) benötigt, um die nächste Reihe zu beginnen. Das Diagramm zeigt dies am Beginn jeder Reihe.

Bauch und Beininnenseiten

2 Lm anschlagen (1 Anfangs-Lm und 1 Wm)

Reihe 1: Mit der 2. Lm von der Nadel beginnen, 1 fM, 1 Lm.

Reihe 2: 1 fM zun, 1 Lm.

Reihe 3–4: 2 fM, 1 Lm.

Reihe 5: 1 fM zun, 1 fM, 1 Lm.

Reihe 6–12: 3 fM, 1 Lm.

Reihe 13: 2 fM zus häkeln, 1 fM, 1 Lm.

Reihe 14–17: 2 fM, 1 Lm.

Reihe 18: 2 fM zus häkeln, 1 Lm.

Reihe 19: 1 fM. Garn abschneiden, einen Faden von etwa 15 cm stehenlassen und dann durchziehen. Der Bauch ist fertig.

Beginnen Sie mit den Beininnenseiten. Bringen Sie das Garn an der vierten Reihe des Bauches an, um das erste Hinterbein zu häkeln.

Reihe 1: 1 Lm, dann 3 fM entlang des Randes häkeln.

Reihe 2–8: 3 fM, 1 Lm.

Am Ende von Reihe 8 das Garn abschneiden, einen Faden von etwa 20 cm stehenlassen und dann durchziehen. Diese Reihen auf der gegenüberliegenden Seite des Bauches für das zweite Hinterbein wiederholen.

Für die Innenseiten der Vorderbeine das Garn an Reihe 15 des Bauches wieder anbringen.

Reihe 1: 1 Lm, dann 2 fM entlang des Randes häkeln.

Reihe 2–8: 2 fM, 1 Lm. Am Ende von Reihe 8 das Garn abschneiden, einen Faden von etwa 20 cm stehenlassen und dann durchziehen. Diese Reihen auf der gegenüberliegenden Seite des Bauches für das zweite Vorderbein wiederholen. Bauch und Beininnenseiten sind nun fertig.

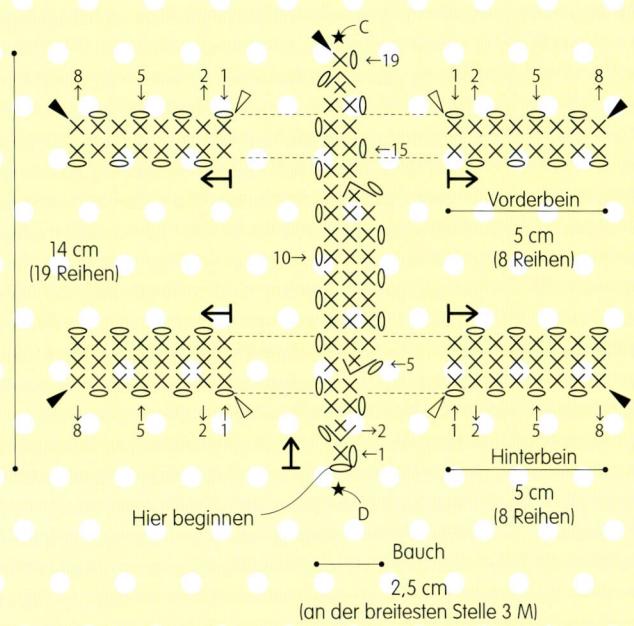

Drei kleine Kätzchen

Körper, Kopf, Vorder- und Hinterbeine (2-mal häkeln)

Mit dem Vorderbein beginnen: 3 Lm.

Reihe 1: Mit der 2. Lm von der Nadel beginnen, 1 fM in jede Lm (insgesamt 2 fM gehäkelt), 1 Lm als Wm.

Reihe 2–8: 2 fM. Am Ende von Reihe 8 die Schlinge an der Nadel behalten. Das Vorderbein ist vollendet.

Mit dem Rumpf beginnen:
Mit der auf der Nadel verbliebenen Schlinge 13 Lm häkeln (Wm mitgezählt).

Reihe 1: Mit der 2. Lm von der Nadel beginnen, 14 fM, 1 Lm. Achten Sie darauf, die Lm-Kette nicht zu verdrehen, wenn Sie diese Reihe beginnen.

Reihe 2: 1 fM zun, 12 fM, 1 fM zun, 1 Lm.

Reihe 3: 16 fM, 1 Lm.

Reihe 4: 2 fM zus häkeln, 12 fM, 2 fM zus häkeln, 1 Lm.

Reihe 5: 2 fM zus häkeln, 11 fM, 1 fM zun, 1 Lm. Hier weiterarbeiten, um den Kopf zu häkeln.

Mit dem Kopf beginnen:
Reihe 1: 1 fM zun, 3 fM, 1 fM zun, 1 Lm. Arbeit wenden, ohne weiter zurück zu häkeln.

Reihe 2: 1 fM zun, 5 fM, 1 fM zun, 1 Lm.

Reihe 3: (1 fM zun) 2-mal, 7 fM, 1 Lm.

Reihe 4: 7 fM, (2 fM zus häkeln) 2-mal, 1 Lm.

Reihe 5: 2 fM zus häkeln, 7 fM, 1 Lm.

Reihe 6: 8 fM, 1 Lm.

Reihe 7: 6 fM, 2 fM zus häkeln, 1 Lm.

Reihe 8: 2 fM zus häkeln, 3 fM, 2 fM zus häkeln. Das Garn abschneiden, einen Faden von etwa 15 cm stehenlassen und dann durchziehen.

Hinterbein wie folgt häkeln:
Das Garn am hinteren Ende des Körpers gegenüber des Vorderbeins wieder anbringen, 1 Lm für den Anfang häkeln.

Reihe 1: fM in die nächsten 4 M häkeln, 1 Lm.

Reihe 2: 2 fM zus häkeln, 2 fM, 1 Lm.

Reihe 3: 1 fM, 2 fM zus, 1 Lm.

Reihe 4–8: 2 fM, 1 Lm. Am Ende von Reihe 8 das Garn abschneiden, einen Faden von etwa 15 cm stehenlassen und dann durchziehen.

Das Garn am oberen Ende des Körpers wieder anbringen, um den Rumpf abzurunden, 1 Lm als Anfangsmasche häkeln.

Reihe 1: 4 fM, dann 1 Km in die nächste M häkeln. Das Garn abschneiden, einen Faden von etwa 15 cm stehenlassen und dann durchziehen. Der Körper ist fertig.

* Anmerkung: Vielleicht entscheiden Sie sich dazu, alle Garnenden zu vernähen, Sie können Sie aber auch in die Arbeit stecken, während Sie die Einzelteile zusammenfügen.

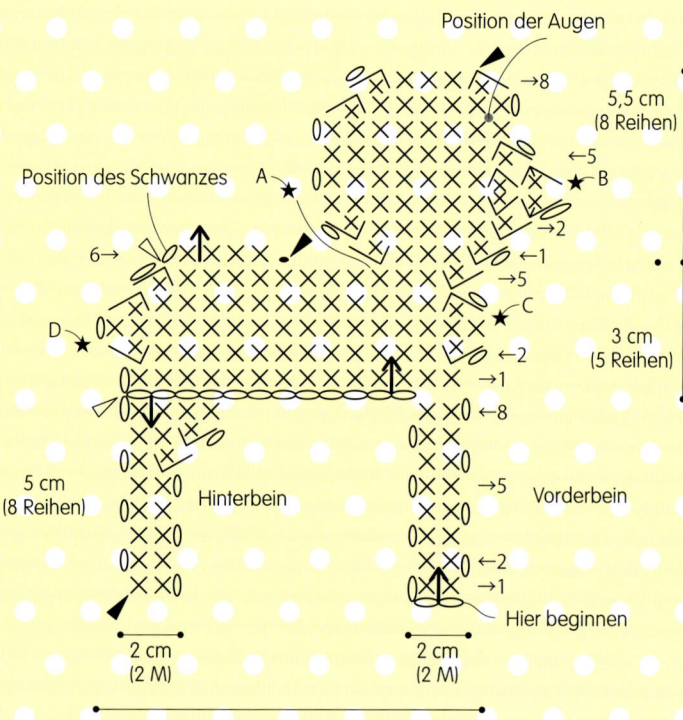

◀ Hier mit neuem
◁ Garn beginnen
Hier Garn abschneiden

Einfach bezaubernd häkeln

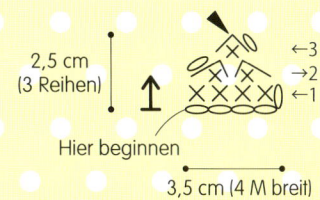

2,5 cm (3 Reihen)

Hier beginnen

3,5 cm (4 M breit)

Ohren (2-mal häkeln)

5 Lm anschlagen (Wm mitgezählt).

Reihe 1: 4 fM, 1 Lm.

Reihe 2: (2 fM zus häkeln) 2-mal, 1 Lm.

Reihe 3: 2 fM zus häkeln, das Garn abschneiden, einen Faden von etwa 15 cm stehenlassen und dann durchziehen.

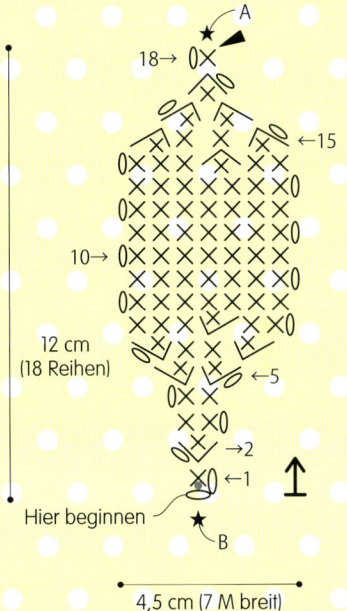

A

18→

10→

12 cm (18 Reihen)

←15

←5

→2

←1

Hier beginnen

B

4,5 cm (7 M breit)

Hinterkopf

2 Lm anschlagen (1 Anfags-Lm und 1 Wm).

Reihe 1: Mit der 2. Lm von der Nadel beginnen, 1 fM, 1 Lm.

Reihe 2: 1 fM zun, 1 Lm.

Reihe 3 & 4: 2 fM, 1 Lm.

Reihe 5: (1 fM zun), 2-mal, 1 Lm.

Reihe 6: 1 fM zun, 2 fM, 1 fM zun, 1 Lm.

Reihe 7: 2 fM, 1 fM zun, 3 fM, 1 Lm.

Reihe 8–13: 7 fM, 1 Lm.

Reihe 14: 3 fM, 2 fM zus häkeln, 2 fM, 1 Lm.

Reihe 15: 2 fM zus häkeln, 2 fM, 2 fM zus häkeln, 1 Lm.

Reihe 16: (2 fM zus häkeln) 2-mal, 1 Lm.

Reihe 17: 2 fM zus häkeln, 1 Lm.

Reihe 18: 1 fM, das Garn abschneiden, einen Faden von etwa 20 cm stehenlassen und dann durchziehen. Der Hinterkopf ist fertig.

Drei kleine Kätzchen

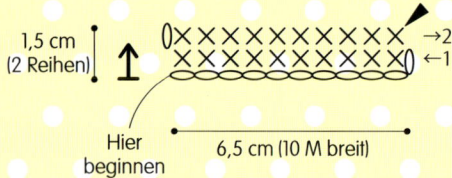

Schwanz

11 Lm anschlagen (Wm mitgezählt).

Reihe 1–2: 10 fM, 1 Lm. Am Ende von Reihe 2 das Garn abschneiden und einen Faden von etwa 20 cm stehenlassen und dann durchziehen.

Um ihn fertigzustellen, den Schwanz der Länge nach in der Mitte falten und mit dem Überwendlingsstich zunähen.

Nasenspitze

Für die Nasenspitze mit braunem Garn 2 Lm häkeln.

Reihe 1: In der 2. Lm von der Nadel 1 fM zun, das Garn abschneiden, einen Faden von etwa 20 cm stehenlassen und dann durchziehen.

Gesichtsdetails

Mit braunem Garn und einer Sticknadel im Überwendlingsstich die Nasenspitze in die Mitte des Gesichts nähen. Für das Mäulchen 2 gerade Stiche sticken.

Die Nylonschnur an den entsprechenden Stellen ankleben oder durch die Nasenspitze schlingen. Auf die gewünschte Länge zurechtschneiden.

Einzelteile zusammennähen

Den Anweisungen auf Seite 32 für das Zusammensetzen von stehenden Figuren folgen. Verwenden Sie die Muster-Diagramme als Orientierung für die Anordnung der einzelnen Teile.

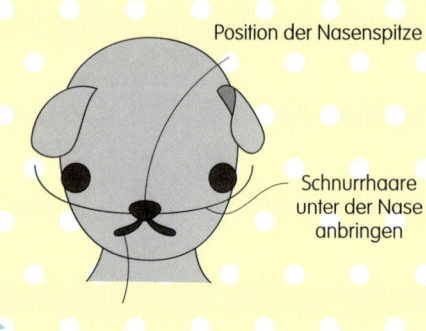

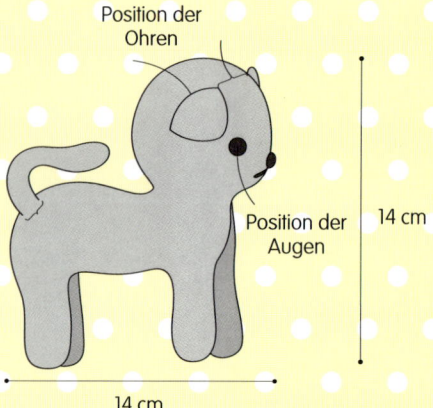

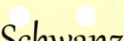

Einfach bezaubernd häkeln

Rehkitz

Abmessungen*
Die fertige Größe beträgt 19,5 x 18 x 7,5 cm.

Beachten Sie, dass die Abmessungen nur ungefähr sind und je nach Spannung und Garnwahl variieren können.

Anmerkungen zum Muster
Das Muster wird flach in Hin- und Rückreihen gehäkelt, wobei vier Haupt-Körperteile und sieben kleinere Teile entstehen. Nach dem Häkeln werden die Einzelteile mit Garn und einer Sticknadel im Überwendlingsstich zusammengenäht.

Material
- Dickes Garn (Gemisch aus grober Wolle und Acryl) in Hellbraun, 55 m (36 g)
- Dickes Garn (Gemisch aus grober Wolle und Acryl) in Weiß, 7,5 m (10 g)
- Dickes Garn (Gemisch aus grober Wolle und Acryl) in Schwarz, 1 m (1 g)
- Mittleres Garn (Gemisch aus Wolle und Acryl) in Weiß, 9,5 m (5 g)

Handarbeitszeug
- Häkelnadel, 3,5 mm
- Häkelnadel, 5 mm
- Stick- oder Garnnadel
- Nähnadel und Baumwollgarn (wenn Sie Knöpfe als Augen verwenden)
- 30 g Füllwatte
- 2 schwarze Knöpfe oder Sicherheitsaugen

Verwendete Maschen
Gehäkelt: Luftmasche (Lm), Wendeluftmasche (Wm), feste Masche (fM), feste Masche zunehmen (fM zun), feste Masche abnehmen (2 fM zus häkeln), Kettmasche (Km). Details und Nähen: Überwendlingsstich, Sticken (siehe Seite 10–13 für detaillierte Anleitungen).

Anmerkung: Am Ende jeder Reihe befindet sich 1 Lm. Diese wird als Wendeluftmasche (Wm) benötigt, um die nächste Reihe zu beginnen. Das Diagramm zeigt dies am Beginn jeder Reihe.

Lernen Sie auf den Seiten 54–55, diese kleinen Nüsschen im Blatt zu häkeln.

Bauch und Beininnenseiten

Mit der großen Häkelnadel (5 mm) und dem groben, weißen Garn 2 Lm anschlagen (1 Anfangs-Lm und 1 Wm).

Reihe 1: Mit der 2. Lm von der Nadel beginnen, 1 fM, 1 Lm.

Reihe 2: 1 fM zun, 1 Lm.

Reihe 3–7: 2 fM, 1 Lm.

Reihe 8: 1 fM, 1 fM zun, 1 Lm.

Reihe 9–12: 3 fM, 1 Lm.

Reihe 13: 2 fM zus häkeln, 1 fM, 1 Lm.

Reihe 14–17: 2 fM, 1 Lm.

Reihe 18: 2 fM zus häkeln, 1 Lm.

Reihe 19: 1 fM. Das Garn abschneiden, einen Faden von etwa 15 cm stehenlassen und dann durchziehen. Der Bauch ist fertig.

Beginnen Sie mit den Beininnenseiten. Bringen Sie das Garn an der vierten Reihe des Bauches an, um das erste Hinterbein zu häkeln.

Reihe 1: 1 Lm, 3 fM entlang des Randes, 1 Lm.

Reihe 2–12: 3 fM, 1 Lm.

Am Ende von Reihe 12 das Garn abschneiden und einen Faden von etwa 20 cm stehenlassen und dann durchziehen.

Diese Reihen auf der anderen Seite des Bauches für das zweite Hinterbein wiederholen.

Für die vorderen Beininnenseiten das Garn in Reihe 15 des Bauches wieder anbringen.

Reihe 1: 1 Lm, dann 2 fM entlang des Randes häkeln.

Reihe 2–12: 2 fM, dann 1 Lm. Am Ende der 12. Reihe das Garn abschneiden, einen Faden von etwa 20 cm stehenlassen und durchziehen. Diese Reihen auf der gegenüberliegenden Seite des Bauches für das zweite Vorderbeinchen wiederholen. Bauch und Beininnenseiten sind nun fertig.

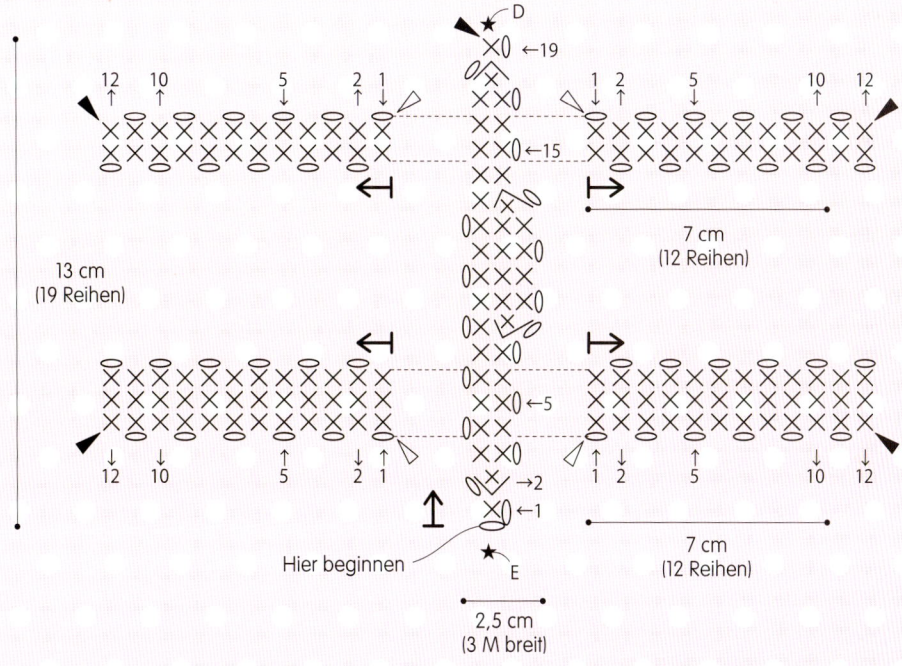

Rehkitz

Körper, Kopf, Vorder- und Hinterbeine (2-mal häkeln)

Mit der großen Häkelnadel (5 mm) und dem groben, hellbraunen Garn das Vorderbein beginnen und 4 Lm anschlagen.

Reihe 1: Mit der 2. Lm von der Nadel beginnen, je 1 fM in jede Lm (3 fM insgesamt), 1 Lm.

Reihe 2: 3 fM, 1 Lm.

Reihe 3–12: Reihe 2 wiederholen. Am Ende von Reihe 12 die Schlinge auf der Nadel behalten. Das Vorderbein ist fertig.

Rumpf beginnen:
Mit der auf der Nadel verbliebenen Schlinge 14 Luftmaschen häkeln (1 Wm mitgezählt).

Reihe 1: Mit der 2. Lm von der Nadel beginnen, 16 fM, 1 Lm.

Reihe 2: 15 fM, 1 fM zun, 1 Lm.

Reihe 3–5: 17 fM, 1 Lm.

Reihe 6: 1 fM zun, 16 fM, 1 Lm.

Reihe 7: 2 fM zus häkeln, 16 fM, 1 Lm.

Reihe 8: 5 fM, 1 Lm. Arbeit wenden, ohne weiter zurück zu häkeln.

Reihe 9: 3 fM, 2 fM zus häkeln, 1 Lm.

Reihe 10: 4 fM, 1 Lm.

Reihe 11: 4 fM. Am Ende der Reihe die Schlinge auf der Nadel behalten.

Kopf beginnen:
Mit der auf der Nadel verbliebenen Schlinge 5 Luftmaschen häkeln (1 Wm mitgezählt).

Reihe 1: 7 fM, 1 fM zun, 1 Lm.

Reihe 2: 1 fM zun, 8 fM, 1 Lm.

Reihe 3–5: 10 fM, 1 Lm.

Reihe 6: 8 fM, 2 fM zus häkeln, 1 Lm.

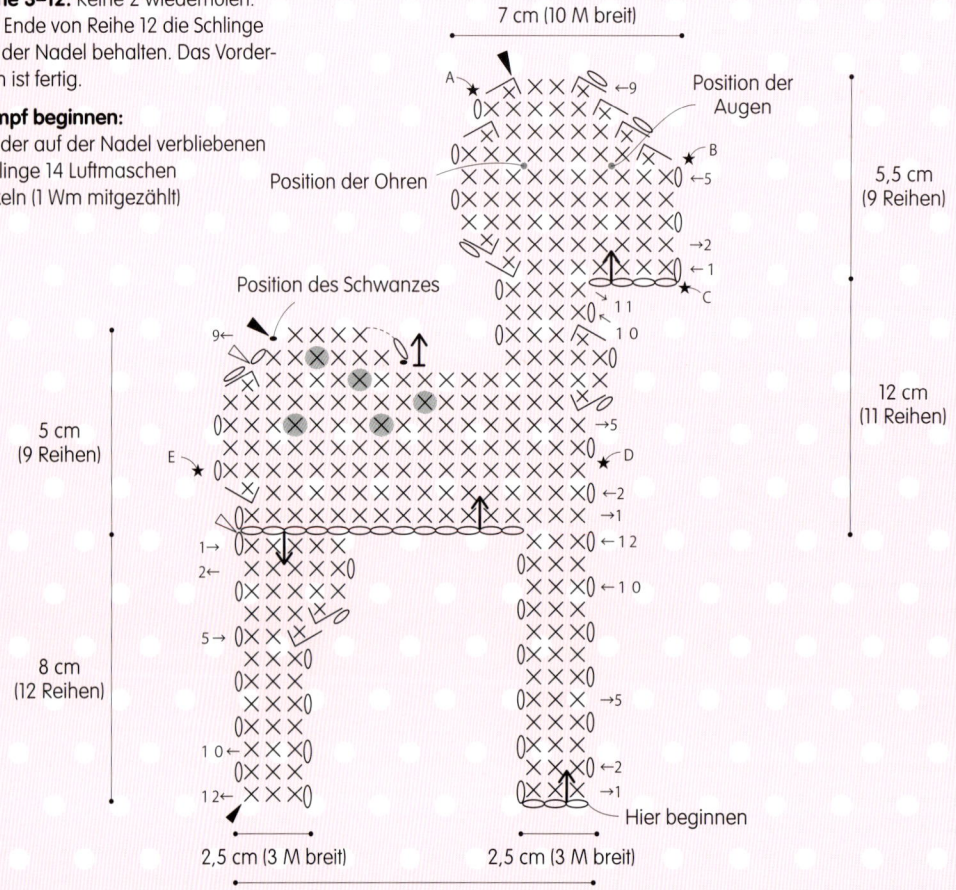

Einfach bezaubernd häkeln

Reihe 7: 2 fM zus häkeln, 5 fM, 2 fM zus häkeln, 1 Lm.

Reihe 8: 5 fM, 2 fM zus häkeln, 1 Lm.

Reihe 9: 2 fM zus häkeln, 2 fM, 2 fM zus häkeln. Das Garn abschneiden, einen Faden von etwa 15 cm stehenlassen und durchziehen.

Die Hinterbeinchen wie folgt häkeln: Das Garn am hinteren Ende des Körpers gegenüber des Vorderbeins wieder anbringen, 1 Lm für den Anfang häkeln.

Reihe 1: Je 1 fM in die nächsten 5 M häkeln, 1 Lm.

Reihe 2–3: Reihe 1 wiederholen.

Reihe 4: 2 fM zus häkeln, 3 fM, 1 Lm.

Reihe 5: 2 fM, 2 fM zus häkeln, 1 Lm.

Reihe 6–12: 3 fM, 1 Lm. Am Ende der 12. Reihe das Garn abschneiden, einen Faden von etwa 15 cm stehenlassen und durchziehen. Das Garn am oberen Ende des Körpers wieder anbringen, um den Rumpf abzurunden, 1 Anfangs-Lm häkeln.

Reihe 1: 6 fM, dann 1 Km in die nächste M häkeln, 1 Lm.

Reihe 2: Die 1. M überspringen, dann 4 fM, 1 Km in die nächste M. Das Garn abschneiden und einen Faden von etwa 15 cm stehenlassen und durchziehen.

Ohren außen (2-mal häkeln)

Mit der großen Häkelnadel (5 mm) und dem hellbraunen Garn 2 Lm anschlagen.

Reihe 1: Mit der 2. Lm von der Nadel beginnen und 1 fM, dann 1 Lm häkeln.

Reihe 2: 1 fM zun, 1 Lm.

Reihe 3: (1 fM zun) 2-mal, 1 Lm.

Reihe 4: 1 fM zun, 2 fM, 1 fM zun, 1 Lm.

Reihe 5–6: 6 fM, 1 Lm.

Reihe 7: 2 fM zus häkeln, 2 fM, 2 fM zus häkeln, 1 Lm.

Reihe 8: 4 fM, 1 Lm.

Reihe 9: (2 fM zus häkeln) 2-mal, das Garn abschneiden, einen Faden von etwa 20 cm stehenlassen und durchziehen.

Ohren innen (2-mal häkeln)

Mit der kleinen Häkelnadel (3,5 mm) und dem weißen, mittleren Garn 4 Lm anschlagen.

Reihe 1: Mit der 2. Lm von der Nadel beginnen, 3 fM, 1 Lm.

Reihe 2: 1 fM zun, 2 fM, 1 Lm.

Reihe 3: 1 fM zun, 3 fM, 1 Lm.

Reihe 4: 1 fM zun, 4 fM, 1 Lm.

Reihe 5: 1 fM zun, 5 fM, 1 Lm.

Reihe 6: 1 fM zun, 6 fM, 1 Lm.

Reihe 7–8: 8 fM, 1 Lm.

Reihe 9: 2 fM zus häkeln, 6 fM, 1 Lm.

Reihe 10: 2 fM zus häkeln, 5 fM, 1 Lm.

Reihe 11: 2 fM zus häkeln, 4 fM, 1 Lm.

Reihe 12: 2 fM zus häkeln, 3 fM, 1 Lm.

Reihe 13: (2 fM zus häkeln) 2-mal, 1 Lm.

Reihe 14: 2 fM zus häkeln, das Garn abschneiden, einen Faden von etwa 15 cm stehenlassen und durchziehen.

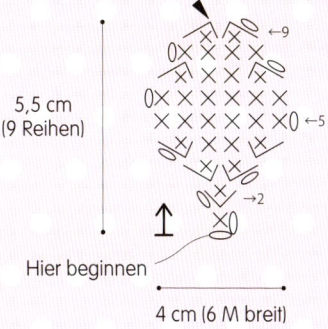

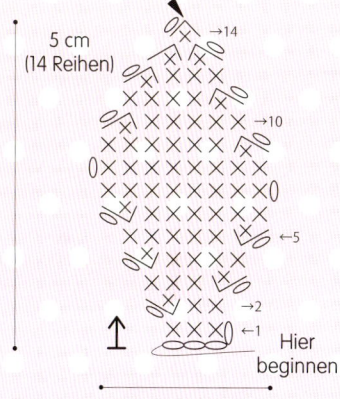

Mäulchen

Mit der großen Häkelnadel (5 mm) und dem weißen, dicken Garn in der Technik zum Rundhäkeln einen Fadenring formen (siehe Seite 14 für weitere Anleitungen).

Runde 1: 5 fM in den Fadenring häkeln. Das Garnende festziehen, um den Fadenring zu schließen. Die Runde mit 1 Km in die 1. fM beenden.

Runde 2: 1 Lm, (1 fM, 1 fM zun) 2-mal, 1 fM, 1 Km in die 1. M der Runde.

Runde 3: 1 Lm, (1 fM zun, 1 fM) 3-mal, 1 fM zun, 1 Km in die 1. M der Runde.

Runde 4: 1 Lm, 11 fM, 1 Km in die 1. M der Runde. Das Garn abschneiden, einen Faden von etwa 20 cm stehenlassen und durchziehen. Das Mäulchen ist fertig.

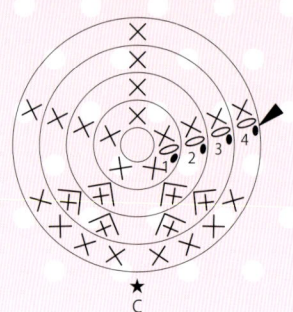

Hinterkopf

Mit der großen Häkelnadel (5 mm) und dem hellbraunen Garn 2 Lm häkeln (1 Anfangs-Lm und 1 Wm).

Reihe 1: Mit der 2. Lm von der Nadel beginnen, 1 fM, 1 Lm.

Reihe 2: 1 fM zun, 1 Lm.

Reihe 3: 1 fM, 1 fM zun, 1 Lm.

Reihe 4: 1 fM, 1 fM zun, 1 fM, 1 Lm.

Reihe 5: 1 fM, 1 fM zun, 2 fM, 1 Lm.

Reihe 6–8: 5 fM, 1 Lm.

Reihe 9: 2 fM zus häkeln, 1 fM, 2 fM zus häkeln, das Garn abschneiden, einen Faden von etwa 20 cm stehenlassen und durchziehen. Der Hinterkopf ist fertig.

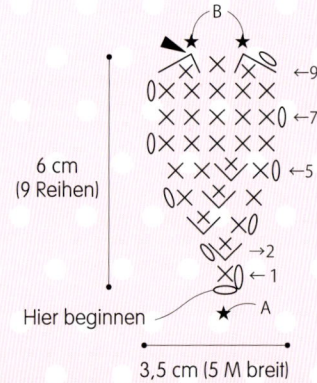

Schwänzchen

Mit der großen Häkelnadel (5 mm) und dem hellbraunen Garn 5 Lm häkeln (1 Wm mitgezählt).

Reihe 1–2: 4 fM, 1 Lm.

Am Ende der 2. Reihe das Garn abschneiden, einen Faden von etwa 20 cm stehenlassen und durchziehen.

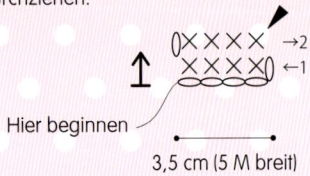

Nasenspitze

Mit der großen Häkelnadel (5 mm) und dem schwarzen Garn 2 Lm häkeln.

Reihe 1: 1 fM in die 2. Lm von der Nadel häkeln, dann das Garn abschneiden, einen Faden von etwa 20 cm stehenlassen und durchziehen. Die Nasenspitze ist fertig.

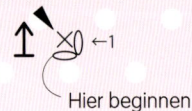

Einfach bezaubernd häkeln

Flecken sticken

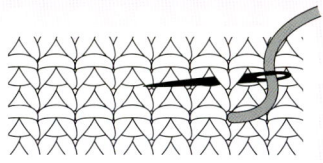

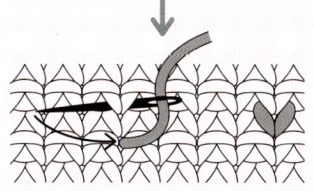

Einzelteile zusammennähen

Nehmen Sie die Anleitungen auf Seite 32 für das Zusammenfügen der Einzelteile stehender Tiere zu Hilfe. Verwenden Sie das Häkeldiagramm als Anhaltspunkt für die Anordnung der einzelnen Teile.

Nähen Sie mit dem Überwendlingsstich die Nasenspitze an dem Mäulchen an. Befestigen Sie die Innenseiten an den Außenseiten der Ohren und fahren Sie dann mit den Ohren fort. Wenn Sie diese am Kopf anbringen, knicken Sie sie leicht in der Mitte, damit sie ihre Form bekommen.

Arbeiten Sie mit der Sticknadel und dem mittleren, weißen Garn, um die Flecken zu sticken. Halten Sie sich an das Häkeldiagramm des Körpers für die richtige Position der Punkte. Die Nadel von vorne nach hinten durch eine Masche stechen und dann von vorne nach hinten zum Anfangspunkt zurückführen. Machen Sie den Fleck v-förmig. Die Nadel dann zur nächsten Stelle bringen und wiederholen.

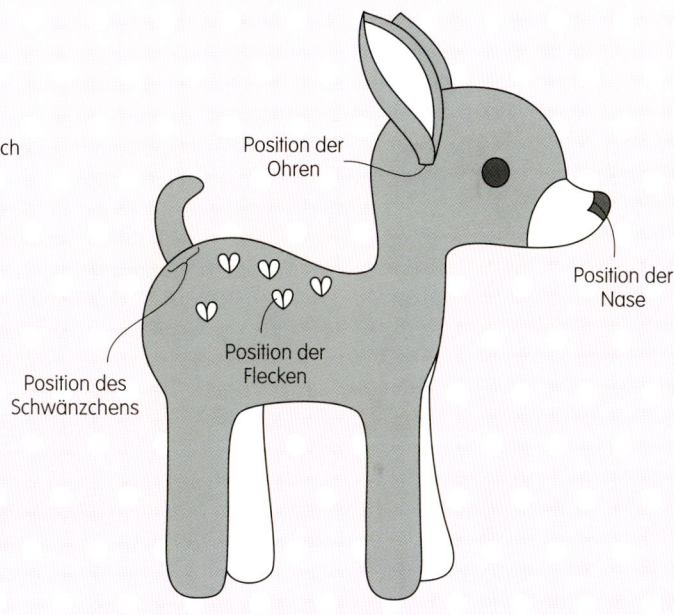

Position der Ohren

Position der Nase

Position des Schwänzchens

Position der Flecken

Rehkitz

Esel

Material

- Dickes Garn (Gemisch aus grober Wolle und Acryl) in Grau, 55 m (36 g)
- Dickes Garn (Gemisch aus grober Wolle und Acryl) in Weiß, 7,5 m (15 g)
- Dickes Garn (Gemisch aus grober Wolle und Acryl) in Schwarz, 1 m, (3 g)
- Mittleres Garn (Gemisch aus Wolle und Acryl) in Schwarz (kleine Menge für Nase)

Handarbeitszeug

- Häkelnadel, 5 mm
- Stick- oder Garnnadel
- Nähnadel und Baumwollgarn (wenn Sie Knöpfe als Augen verwenden)
- 30 g Füllwatte
- 2 schwarze Knöpfe oder Sicherheitsaugen
- Stickborte als Verzierung

Verwendete Maschen

Gehäkelt: Luftmasche (Lm), Wendeluftmasche (Wm), feste Masche (fM), feste Masche zunehmen (fM zun), feste Masche abnehmen (2 fM zus häkeln), Kettmasche (Km). Details und Nähen: Überwendlingsstich, Sticken (siehe Seite 10–13 für detaillierte Anleitungen).

*Anmerkung: Am Ende jeder Reihe befindet sich 1 Lm. Diese wird als Wendeluftmasche (Wm) benötigt, um die nächste Reihe zu beginnen. Das Diagramm zeigt dies am Beginn jeder Reihe.

Abmessungen*

Die fertige Größe beträgt 19,5 x 18 x 7,5 cm.

*Beachten Sie, dass die Abmessungen nur ungefähr sind und je nach Spannung und Garnwahl variieren können.

Anmerkungen zum Muster

Das Muster wird flach in Hin- und Rückreihen gehäkelt, wobei Sie vier Haupt-Körperteile und drei kleinere Teile entstehen. Nach dem Häkeln werden die Einzelteile mit Garn und einer Sticknadel im Überwendlingsstich zusammengenäht. Wenn Sie möchten, können Sie am Ende Verzierungen anbringen.

Bauch und Beininnenseiten

Mit dem weißen Garn 2 Lm häkeln (1 Anfangs-Lm und 1 Wm)

Reihe 1: Mit der 2. Lm von der Nadel beginnen, 1 fM, 1 Lm.

Reihe 2: 1 fM zun, 1 Lm.

Reihe 3–7: 2 fM, 1 Lm.

Reihe 8: 1 fM, 1 fM zun, 1 Lm.

Reihe 9–12: 3 fM, 1 Lm.

Reihe 13: 2 fM zus häkeln, 1 fM, 1 Lm.

Reihe 14–18: 2 fM, 1 Lm.

Reihe 19: 2 fM zus häkeln, 1 Lm.

Reihe 20: 1 fM. Das Garn abschneiden, einen Faden von etwa 15 cm stehenlassen und dann durchziehen. Der Bauch ist fertig.

Beginnen Sie mit den Beininnenseiten. Bringen Sie das Garn an der vierten Reihe des Bauches an, um das erste Hinterbein zu häkeln.

Reihe 1: 1 Lm, 4 fM entlang des Randes, 1 Lm.

Reihe 2: 4 fM, 1 Lm.

Reihe 3: 2 fM, 2 fM zus häkeln, 1 Lm.

Reihe 4–8: 3 fM, 1 Lm. Am Ende der 8. Reihe das Garn abschneiden, einen Faden von etwa 15 cm stehenlassen und die Schlinge auf der Nadel behalten.

Reihe 9: Zu schwarzem Garn wechseln, 1 Lm (als Wm aus der letzten Reihe), 3 fM, 1 Lm.

Reihe 10: 3 fM. Am Ende der 10. Reihe das Garn abschneiden, einen Faden von etwa 20 cm stehenlassen und dann durchziehen. Diese Reihen auf der gegenüberliegenden Seite des Bauches für das zweite Hinterbein wiederholen.

Für die vorderen Beininnenseiten das Garn in Reihe 15 des Bauches wieder anbringen.

Reihe 1: 1 Lm, dann 3 fM entlang des Randes häkeln.

Reihe 2–8: 3 fM, dann 1 Lm. Am Ende der 8. Reihe das Garn abschneiden, einen Faden von etwa 15 cm stehenlassen und die Schlinge auf der Nadel behalten.

Reihe 9: Zu schwarzem Garn wechseln, 1 Lm (als Wm aus der letzten Reihe), 3 fM, 1 Lm.

Reihe 10: 3 fM. Am Ende der 10. Reihe das Garn abschneiden, einen Faden von etwa 20 cm stehenlassen und dann durchziehen. Diese Reihen auf der gegenüberliegenden Seite des Bauches für das zweite Vorderbein wiederholen. Bauch und Beininnenseiten sind nun fertig.

× = Weißes Garn
⊗ = Schwarzes Garn

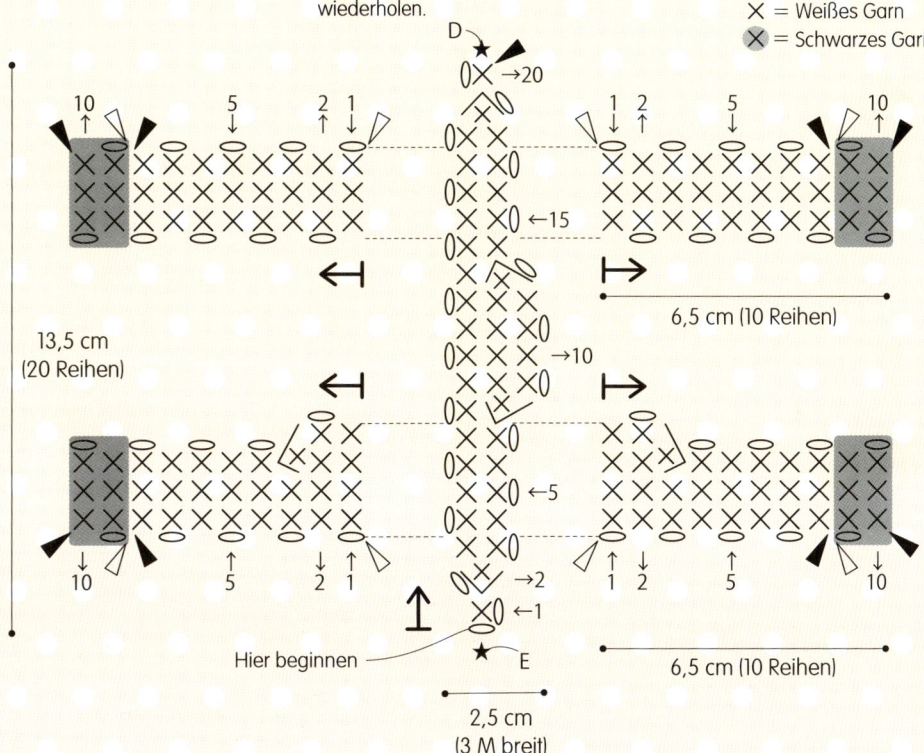

Esel

Körper

Das Vorderbein beginnen: Mit dem schwarzen Garn 5 Lm häkeln.

Mit der 2. Lm von der Nadel beginnen und je 1 fM in jede Lm häkeln (insgesamt 4 fM), 1 Lm.

Reihe 2: 4 fM, das Garn abschneiden und die Schlinge auf der Nadel behalten.

Reihe 3: Das graue Garn einhäkeln, 1 Lm (als Wm der vorhergehenden Reihe), 4 fM, 1 Lm.

Reihe 4–10: 4 fM, 1 Lm. Am Ende von Reihe 10 die Schlinge auf der Nadel behalten. Das Vorderbein ist fertig.

Mit dem Rumpf beginnen: Mit der auf der Nadel verbliebenen Schlinge 14 Lm häkeln (1 Wm mitgezählt).

Reihe 1: Mit der 2. Lm von der Nadel beginnen, 17 fM und 1 Lm häkeln. Achten Sie darauf, die Luftmaschen am Beginn der Reihe nicht zu verdrehen.

Reihe 2: 1 fM zun, 15 fM, 1 fM zun, 1 Lm.

Reihe 3: 19 fM, 1 Lm.

Reihe 4: 1 fM zun, 17 fM, 1 fM zun, 1 Lm.

Reihe 5: 21 fM, 1 Lm.

Reihe 6: 1 fM zun, 20 fM, 1 Lm.

Reihe 7: 22 fM, 1 Lm.

Reihe 8: 1 fM zun, 19 fM, 2 fM zus häkeln, 1 Lm.

Reihe 9: 2 fM zus häkeln, 20 fM. Am Ende der Reihe die Schlinge auf der Nadel behalten.

Mit dem Kopf beginnen: Mit der auf der Nadel verbliebenen Schlinge 6 Lm häkeln (1 Wm mitgezählt)

Reihe 1: 12 fM, 2 fM zus häkeln, 1 Lm.

Reihe 2: 13 fM, 1 Lm.

Reihe 3: 11 fM, 2 fM zus häkeln, 1 Lm.

Reihe 4: 12 fM, 1 Lm.

Reihe 5: 2 fM zus häkeln, 8 fM, 2 fM zus häkeln, 1 Lm.

Reihe 6: 8 fM, 2 fM zus häkeln, 1 Lm.

Reihe 7: 2 fM zus häkeln, 7 fM, 1 Lm.

Reihe 8: 2 fM zus häkeln, 4 fM, 2 f M zus häkeln, das Garn abschneiden, einen Faden von etwa 20 cm stehenlassen und dann durchziehen.

Mit dem Hinterbein wie folgt beginnen: Das graue Garn am hinteren Ende des Körpers gegenüber des Vorderbeins einhäkeln und 1 Lm als Anfangs-Lm häkeln.

Reihe 1: Je 1 fM in die nächsten 6 M häkeln, 1 Lm.

Reihe 2: Reihe 1 wiederholen.

Reihe 3: 4 fM, 2 fM zus häkeln, 1 Lm.

Reihe 4: 2 fM zus häkeln, 3 fM, 1 Lm.

Reihe 5–8: 4 fM, 1 Lm. Am Ende der 8. Reihe das Garn abschneiden, einen Faden von etwa 15 cm stehenlassen und die Schlinge auf der Nadel behalten.

Reihe 9: Das schwarze Garn einhäkeln, 1 Lm (als Wm von Reihe 8), 4 fM, 1 Lm.

Reihe 10: 4 fM, das Garn abschneiden, einen Faden von etwa 15 cm stehenlassen und dann durchziehen.

Um den Rumpf abzurunden, das graue Garn am oberen Ende des Körpers wieder anbringen und 1 Anfangs-Lm häkeln.

Reihe 1: 5 fM, 1 Km in die nächste M. Das Garn abschneiden, einen Faden von etwa 15 cm stehenlassen und dann durchziehen. Der Körper ist nun fertig.

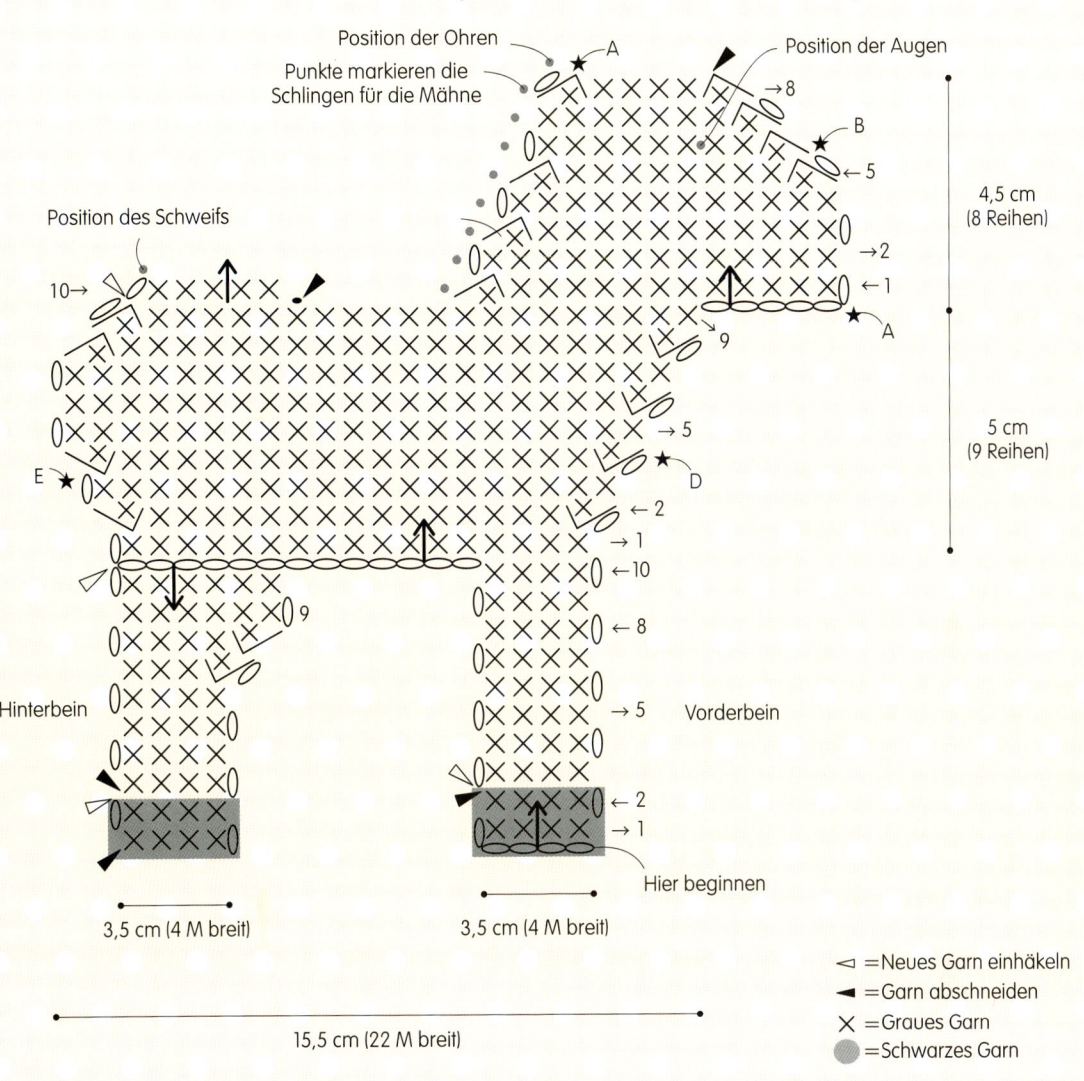

Esel

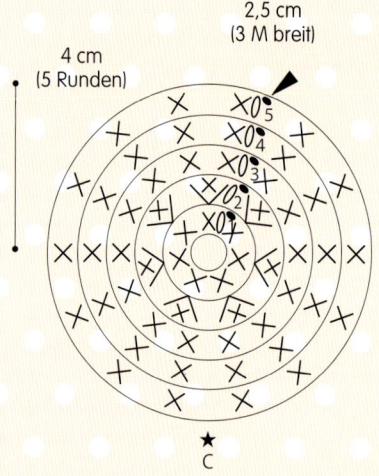

Mäulchen

Mit dem weißen Garn zum Rundhäkeln einen Fadenring bilden (siehe Seite 14 für weitere Anleitungen).

Runde 1: 7 fM in den Fadenring häkeln. Das Garnende festziehen, um den Fadenring zu schließen. Die Runde mit 1 Km in die 1. M der Runde beenden.

Runde 2: 1 Lm, pro M 1 fM zun (insgesamt 14 fM), 1 Km in die 1. M der Runde.

Runde 3–5: 1 Lm, 14 fM, 1 Km in die 1. fM der Runde. Das Garn am Ende der 5. Runde abschneiden, einen Faden von etwa 20 cm stehenlassen und durchziehen.

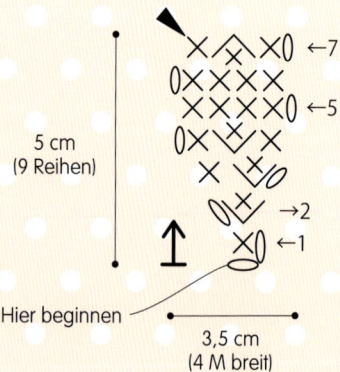

Ohren (2-mal häkeln)

Mit dem weißen Garn 2 Lm häkeln.

Reihe 1: Mit der 2. Lm von der Nadel beginnen. 1 fM, 1 Lm.

Reihe 2: 1 fM zun, 1 Lm.

Reihe 3: 1 fM zun, 1 fM, 1 Lm.

Reihe 4: 1 fM, 1 fM zun, 1 fM, 1 Lm.

Reihe 5–6: 4 fM, 1 Lm.

Reihe 7: 1 fM, 2 fM zus häkeln, 1 fM. Das Garn abschneiden, einen Faden von etwa 15 cm stehenlassen und durchziehen.

Einfach bezaubernd häkeln

Hinterkopf

Mit dem grauen Garn 2 Lm anschlagen (1 Anfangs-Lm und 1 Wm).

Reihe 1: Mit der 2. Lm von der Nadel beginnen. 1 fM, 1 Lm.

Reihe 2: 1 fM zun, dann 1 Lm häkeln.

Reihe 3: 1 fM, 1 fM zun, 1 Lm.

Reihe 4: 1 fM, 1 fM zun, 1 fM, 1 Lm.

Reihe 5–9: 4 fM, 1 Lm. Am Ende der 9. Reihe das Garn abschneiden, einen Faden von etwa 20 cm stehenlassen und durchziehen.

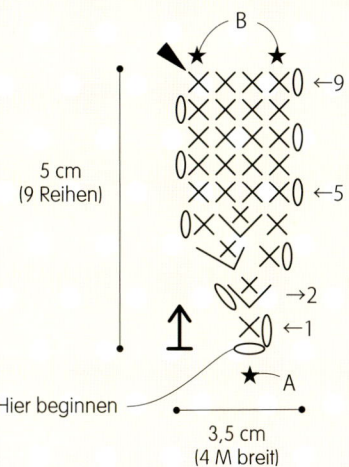

5 cm (9 Reihen)

Hier beginnen

3,5 cm (4 M breit)

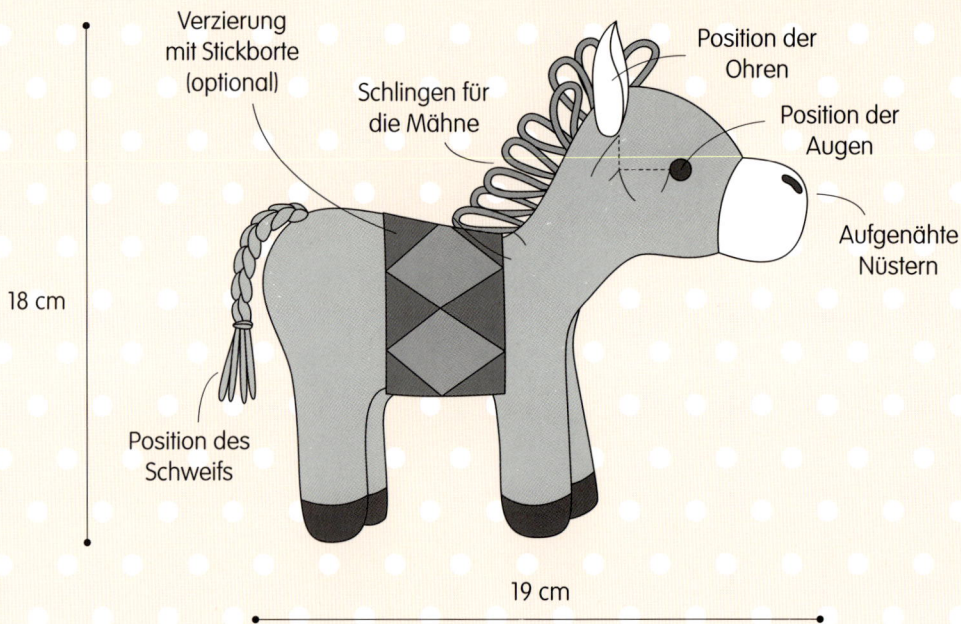

Schweif

Orientieren Sie sich für die richtige Stelle des Schweifs am Häkeldiagramm des Körpers, häkeln Sie das graue Garn am Rumpf des Esels ein und beginnen Sie den Schweif. 10 Lm häkeln, das Garn abschneiden und durchziehen. Etwa 1,5 cm Garn stehenlassen und entwirren Sie das Garn, damit es wie Haar aussieht.

Gesichtsdetails

Mit dem mittleren schwarzen Garn 2 gerade Stiche auf das Mäulchen nähen, um die Nase zu machen. Versehen Sie den Esel mit einer Stickborte als Verzierung, falls Sie das wünschen.

Einzelteile zusammennähen

Den Anweisungen auf Seite 32 für das Zusammensetzen von stehenden Figuren folgen. Verwenden Sie die Muster-Diagramme als Orientierung für die Anordnung der einzelnen Teile. Bringen Sie die Schlingen für die Mähne oben am Hals an, bevor Sie den Hals und den Hinterkopf zunähen.

Nüsse & Beeren

Diese kleinen Accessoires können in Blau- oder Rottönen gehäkelt werden, um einen kleinen Bund Beeren zu häkeln. In Braun- und Beigetönen erhält man einen kleinen Haufen Haselnüsse (siehe Foto auf Seite 40). Sie haben die Qual der Wahl!

Material

- Mittleres Garn (Gemisch aus Wolle und Acryl) in drei verschiedenen Farben (hier: Blau, Violett und Marine für die Beeren; Braun, Beige und Dunkelbraun für die Nüsse), je 2,75 m (1 g)
- Mittleres Garn (Gemisch aus Wolle und Acryl) in Grün, 11 m (4 g)

Handarbeitszeug

- Häkelnadel, 4,25 mm
- Stick- oder Garnnadel
- Füllwatte (geringe Menge)

Abmessungen*

Die fertige Größe der Beeren beträgt 12 x 6,5 cm; die Nüsse sind etwa 6,5 x 6,5 cm groß.

*Beachten Sie, dass die Abmessungen nur ungefähr sind und je nach Spannung und Garnwahl variieren können.

Anmerkungen zum Muster

In diesem Muster werden die Beeren und Nüsse rund und die Blätter flach gehäkelt. Um die Figuren wie gezeigt auszuarbeiten, müssen Sie drei Nüsse oder Beeren häkeln, für das Sträußchen sind drei Blätter für die Beeren und zwei Blätter für die Nüsse erforderlich (das Muster für die Blätter finden Sie auf Seite 93). Die Einzelteile werden dann mit dem Überwendlingsstich zusammengenäht.

Verwendete Maschen

Luftmasche (Lm), feste Masche (fM), feste Masche zunehmen (fM zun), feste Masche abnehmen (2 fM zus häkeln), Kettmasche (Km) und Überwendlingsstich (siehe Seite 10–13 für detaillierte Anleitungen).

Einfach bezaubernd häkeln

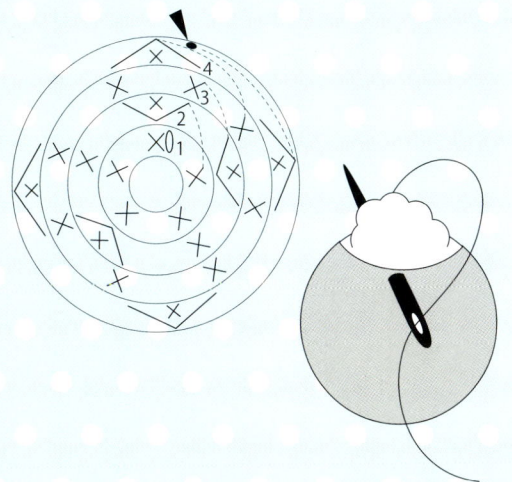

Beeren oder Nüsse (3-mal häkeln)

Zum Rundhäkeln einen Fadenring formen (siehe Seite 14 für weitere Anleitungen).

Runde 1: 1 Lm, 5 fM. In jeder weiteren Runde in die 1. M der vorhergehenden Runde häkeln.

Runde 2: (1 fM zun, 1 fM) 2-mal, 1 fM zun.

Runde 3: 8 fM.

Runde 4: (2 fM zus häkeln) 4-mal, 1 Km in die 1. M der Runde häkeln; das Garn abschneiden, einen Faden von etwa 20 cm stehenlassen und durchziehen.

Diese Schritte 2 weitere Male in anderen Farben wiederholen, um die übrigen Beeren oder Nüsse zu häkeln.

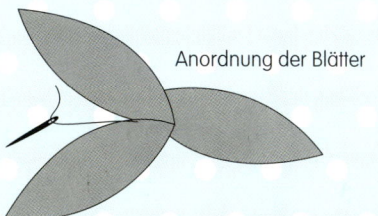

Anordnung der Blätter

Fertigstellung

Häkeln Sie die Blätter wie in der Anleitung für die Rosenblätter auf Seite 93, nähen Sie diese dann mit dem Überwendlingsstich zusammen und orientieren Sie sich dabei an den oben gezeigten Abbildungen. Stopfen Sie die Beeren oder Nüsse mit ein wenig Füllwatte aus, vernähen Sie das Garn in der letzten Runde der Beere und ziehen Sie es fest. Ordnen Sie die Beeren zu einem Häufchen an und befestigen Sie dieses an den Blättern. Zuletzt die losen Enden vernähen.

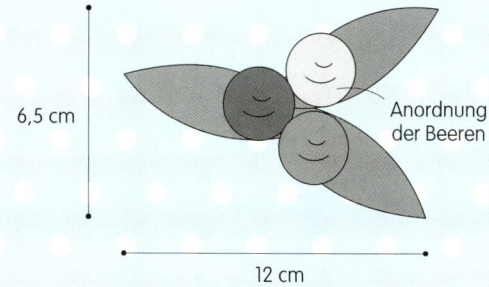

Anordnung der Beeren

6,5 cm

12 cm

Lamm

Material
- Dickes Garn (Gemisch aus grober Wolle und Acryl) in Weiß, 55 m (36 g)
- Dickes, flauschiges Garn (grobes Nylon- oder Acrylgarn oder Mohairwolle) in Weiß, 27,5 m (45 g) *
  Je flauschiger das Garn ist, umso wolliger sieht das Schaf am Ende aus.
- Mittleres Garn (Gemisch aus Wolle und Acryl) in Schwarz (kleine Menge für Details im Gesicht)

Handarbeitszeug
- Häkelnadel, 5 mm
- Stick- oder Garnnadel
- 30 g Füllwatte
- Nähnadel und Baumwollgarn (wenn Sie Knöpfe als Augen verwenden)
- 2 schwarze Knöpfe oder Sicherheitsaugen (6 mm)

Abmessungen*
Die fertige Größe beträgt 15,5 x 16 x 8 cm.

Beachten Sie, dass die Abmessungen nur ungefähr sind und je nach Spannung und Garnwahl variieren können.

Anmerkungen zum Muster
Das Muster wird flach hin und her in festen Maschen gehäkelt, wobei vier Haupt-Körperteile und drei kleinere Teile entstehen. Nach dem Häkeln werden die Einzelteile mit Garn und einer Sticknadel im Überwendlingsstich zusammengenäht. Wenn Sie flauschiges Garn verwenden, kann dieses Muster kompliziert werden, denn je flauschiger das Garn ist, umso weniger können Sie Ihre Maschen sehen.

Verwendete Maschen
Gehäkelt: Luftmasche (Lm), Wendeluftmasche (Wm), feste Masche (fM), feste Masche zunehmen (fM zun), feste Masche abnehmen (2 fM zus häkeln), Kettmasche (Km). Details und Nähen: Überwendlingsstich, Sticken (siehe Seite 10–13 für detaillierte Anleitungen).

Anmerkung: Am Ende jeder Reihe befindet sich 1 Lm. Diese wird als Wendeluftmasche (Wm) benötigt, um die nächste Reihe zu beginnen. Das Diagramm zeigt dies am Beginn jeder Reihe..

Körper, Kopf, Vorder- und Hinterbeine (2-mal häkeln)

Mit dem einfachen Garn das Vorderbein beginnen und 4 Lm häkeln (Wm mitgezählt).

Reihe 1: Mit der 2. Lm von der Nadel beginnen, je 1 fM in jede Lm (3 fM insgesamt), 1 Lm.

Reihe 2–8: Reihe 1 wiederholen. Am Ende von Reihe 8 die Schlinge auf der Nadel behalten. Das Vorderbein ist fertig.

Rumpf beginnen: Das flauschige Garn einhäkeln und mit der auf der Nadel verbliebenen Schlinge 15 Luftmaschen häkeln (1 Wm mitgezählt)

Reihe 1: Mit der 2. Lm von der Nadel beginnen, 17 fM, 1 Lm. Achten Sie darauf, die Lm-Kette nicht zu verdrehen, wenn Sie diese Reihe beginnen.

Reihe 2: 1 fM zun, 15 fM, in der letzten M 1 fM zun, 1 Lm.

Reihe 3–7: 19 fM, 1 Lm. Die Schlinge auf der Nadel behalten und das Garn nicht abschneiden.

Kopf und Oberseite des Körpers: Das einfache Garn einhäkeln und 4 Lm häkeln (1 Wm mitgezählt).

Reihe 1: 3 fM, zu flauschigem Garn wechseln, 17 fM, 2 fM zus häkeln, 1 Lm.

Reihe 2: 2 fM zus häkeln, 16 fM, zu einfachem Garn wechseln, 3 fM, 1 Lm als Wm.

Reihe 3: 3 fM, zu flauschigem Garn wechseln, 6 fM, 2 fM zus häkeln, 1 Lm.

Reihe 4: 7 fM, zu einfachem Garn wechseln, 3 fM, 1 Lm.

Reihe 5: 3 fM, zu flauschigem Garn wechseln, 7 fM, 1 Lm.

Reihe 6: 7 fM, zu einfachem Garn wechseln, 1 fM, 2 fM zus häkeln, 1 Lm.

Reihe 7: 2 fM zus häkeln, zu flauschigem Garn wechseln, 5 fM, 2 fM zus häkeln, 1 Lm.

Reihe 8: 5 fM, 2 fM zus häkeln, 1 Lm.

Reihe 9: 2 fM zus häkeln, 2 fM, 2 fM zus häkeln. Das Garn abschneiden, einen Faden von etwa 15 cm stehenlassen und durchziehen.

Die Hinterbeinchen wie folgt häkeln: Das Garn am hinteren Ende des Körpers gegenüber des Vorderbeins wieder anbringen, 1 Lm für den Anfang häkeln.

Reihe 1: Je 1 fM in die nächsten 5 M häkeln, 1 Lm.

Reihe 2: 2 fM zus häkeln, 3 fM, 1 Lm.

Reihe 3: 2 fM, 2 fM zus häkeln, 1 Lm.

Reihe 4–8: 3 fM, 1 Lm. Am Ende der 8. Reihe das Garn abschneiden, einen Faden von etwa 15 cm stehenlassen und durchziehen.

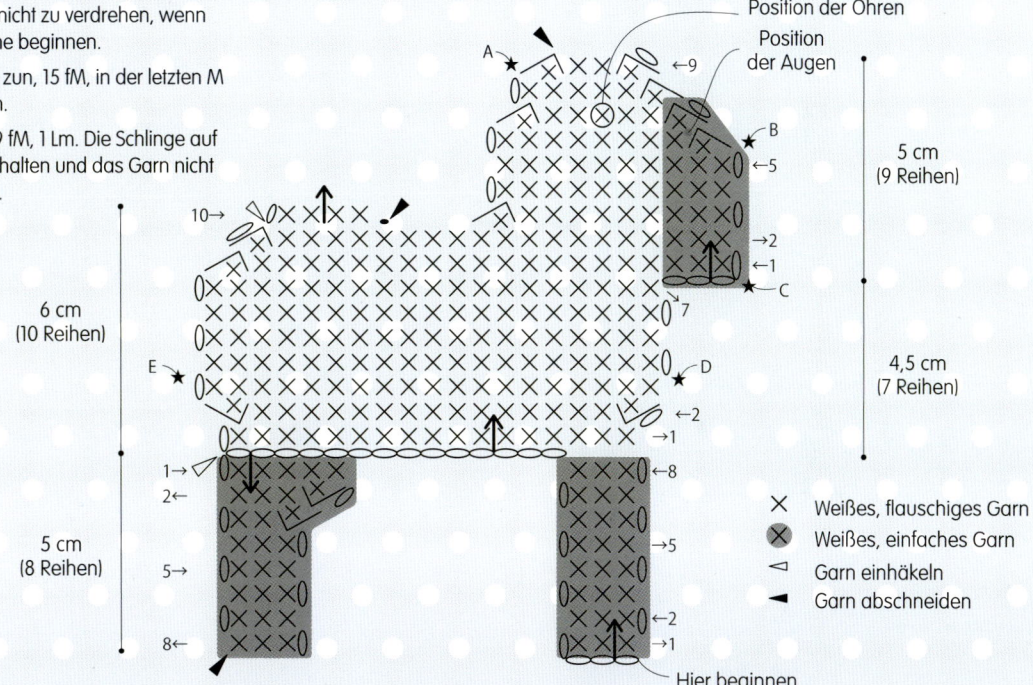

Lamm

Bauch und Beininnenseiten

Mit dem flauschigen, weißen Garn 2 Lm häkeln (1 Anfangs-Lm und 1 Wm).

Reihe 1: Mit der 2. Lm von der Nadel beginnen, 1 fM zun, 1 Lm.

Reihe 2: 1 fM zun, 1 fM, 1 Lm.

Reihe 3–6: 3 fM, 1 Lm.

Reihe 7: 1 fM, 1 fM zun, 1 fM, 1 Lm.

Reihe 8–13: 4 fM, 1 Lm.

Reihe 14: 1 fM, 2 fM zus häkeln, 1 fM, 1 Lm.

Reihe 15–18: 3 fM, 1 Lm.

Reihe 19: 1 fM, 2 fM zus häkeln, 1 Lm.

Reihe 20: 2 fM zus häkeln. Garn abschneiden, einen Faden von etwa 15 cm stehenlassen und dann durchziehen. Der Bauch ist fertig.

Mit den Beininnenseiten beginnen: Bringen Sie das einfache, weiße Garn an der 4. Reihe des Bauches an, um das erste Hinterbein zu häkeln.

Reihe 1: 1 Lm, dann 3 fM entlang des Randes häkeln, 1 Lm.

Reihe 2–8: 3 fM, 1 Lm. Am Ende von Reihe 8 das Garn abschneiden, einen Faden von etwa 15 cm stehenlassen und durchziehen.

Diese Reihen auf der gegenüberliegenden Seite des Bauches für das zweite Hinterbein wiederholen. Für die Innenseiten der Vorderbeine das Garn an Reihe 15 des Bauches wieder anbringen.

Reihe 1: 1 Lm, dann 2 fM entlang des Randes häkeln, 1 Lm.

Reihe 2–8: 2 fM, 1 Lm. Am Ende von Reihe 8 das Garn abschneiden, einen Faden von etwa 20 cm stehenlassen und dann durchziehen. Diese Reihen auf der gegenüberliegenden Seite des Bauches für das zweite Vorderbein wiederholen. Bauch und Beininnenseiten sind nun fertig.

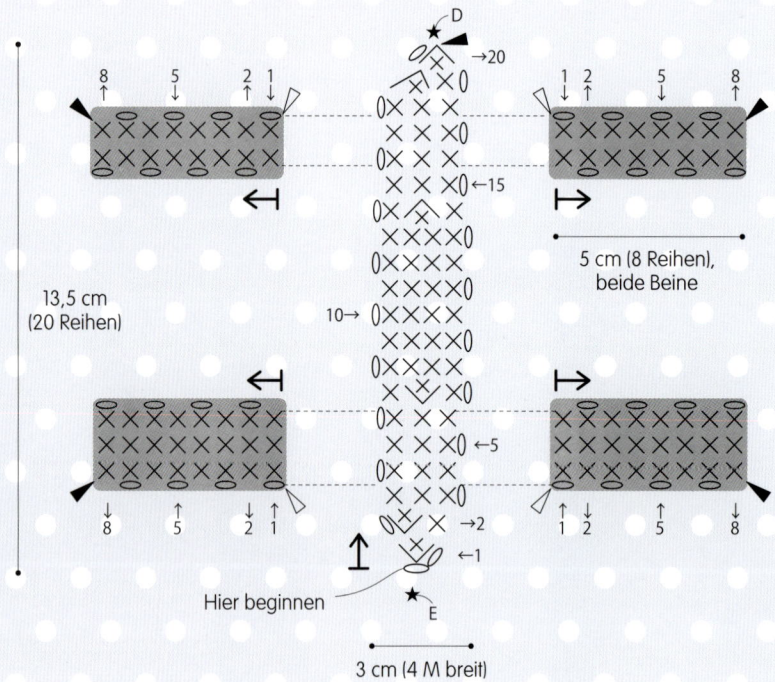

Einfach bezaubernd häkeln

Mäulchen

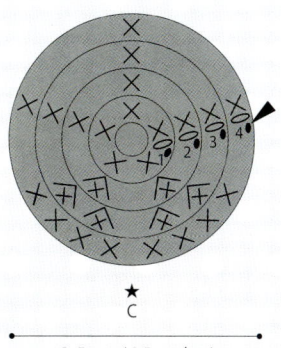

★
C
2,5 cm (4 Runden)

Mit dem weißen, einfachen Garn zum Rundhäkeln einen Fadenring bilden (siehe Seite 14 für weitere Anleitungen).

Runde 1: 5 fM in den Fadenring häkeln. Das Garnende festziehen, um den Fadenring zu schließen. Die Runde mit 1 Km in die 1. fM beenden.

Runde 2: 1 Lm, (1 fM, 1 fM zun) 2-mal, 1 fM. 1 Km in die 1. M der Runde häkeln.

Runde 3: 1 Lm, (1 fM zun, 1 fM) 3-mal, 1 fM. 1 Km in die 1. M der Runde häkeln.

Runde 4: 1 Lm, 11 fM, 1 Km in die 1. M der Runde. Das Garn abschneiden, einen Faden von etwa 20 cm stehenlassen und durchziehen. Das Mäulchen ist fertig.

Hinterkopf

Mit dem weißen, flauschigen Garn 2 Lm häkeln (1 Anfangs-Lm und 1 Wm).

Reihe 1: Mit der 2. Lm von der Nadel beginnen. 1 fM, 1 Lm.

Reihe 2: 1 fM zun, 1 Lm.

Reihe 3: 1 fM, 1 fM zun, 1 Lm.

Reihe 4: 1 fM, 1 fM zun, 1 fM, 1 Lm.

Reihe 5: 1 fM, 1 fM zun, 2 fM, 1 Lm.

Reihe 6–7: 5 fM, 1 Lm. Am Ende der 7. Reihe das Garn abschneiden, einen Faden von etwa 15 cm stehenlassen und das einfache, weiße Garn einhäkeln.

Reihe 8: 5 fM, 1 Lm.

Reihe 9: 2 fM zus häkeln, 1 fM, 2 fM zus häkeln. Das Garn abschneiden, einen Faden von etwa 20 cm stehenlassen und durchziehen.

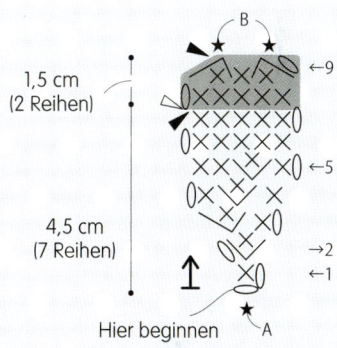

1,5 cm (2 Reihen)

4,5 cm (7 Reihen)

Hier beginnen

× Weißes, flauschiges Garn
⊗ Weißes, einfaches Garn
◁ Garn einhäkeln
◀ Garn abschneiden

Lamm

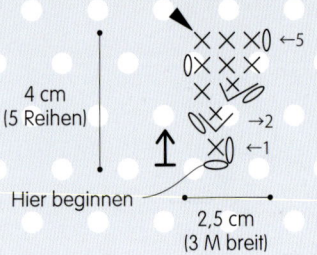

4 cm
(5 Reihen)

Hier beginnen

2,5 cm
(3 M breit)

Ohren (2-mal häkeln)

Mit dem weißen, flauschigen Garn 2 Anfangs-Lm häkeln.

Reihe 1: Mit der 2. Lm von der Nadel beginnen. 1 fM, 1 Lm.

Reihe 2: 1 fM zun, 1 Lm.

Reihe 3: 1 fM zun, 1 fM, 1 Lm.

Reihe 4–5: 3 fM. Das Garn abschneiden, einen Faden von etwa 20 cm stehenlassen und durchziehen.

Einzelteile zusammennähen

Den Anweisungen auf Seite 32 für das Zusammensetzen von stehenden Figuren folgen. Verwenden Sie die Muster-Diagramme als Orientierung für die Anordnung der einzelnen Teile. Wenn Sie die Ohren befestigen, knicken Sie sie leicht in der Mitte, damit sie ihre Form bekommen.

Gesichtsdetails

Mit schwarzem Garn und einer Sticknadel zwei gerade Stiche für das Mäulchen und zwei weitere für die Nase sticken.

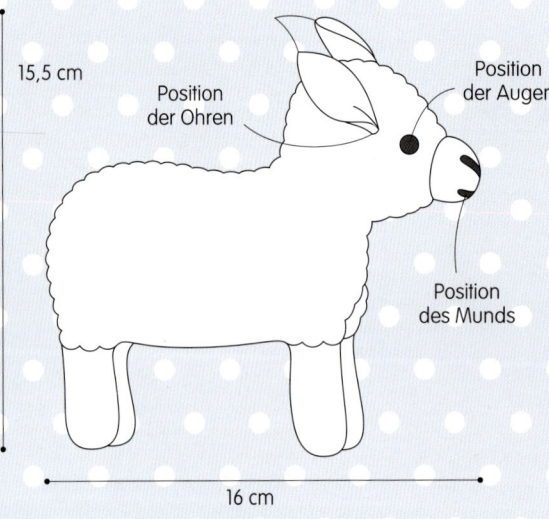

Einfach bezaubernd häkeln

Gänseblümchen

Material
- Mittleres Garn (Gemisch aus Wolle und Acryl) in Weiß und Blau, je 5,5 m (2 g)
- Mittleres Garn (Gemisch aus Wolle und Acryl) in Grün, 2,75 m (1 g)
- Mittleres Garn (Gemisch aus Wolle und Acryl) in Gelb, 2,75 m (1 g)

Handarbeitszeug
- Häkelnadel, 4,25 mm
- Stick- oder Garnnadel

Abmessungen*
Die fertige Größe beträgt 8,5 x 6 cm.

Beachten Sie, dass die Abmessungen nur ungefähr sind und je nach Spannung und Garnwahl variieren können.

Anmerkungen zum Muster

Das Muster wird in der Mitte der Blume rund, die Blütenblätter flach mit einander verbindenden Kettmaschen gehäkelt. Auch das Blatt wird flach gearbeitet. Es wird am Ende mit Garn und einer Sticknadel mit dem Überwendlingsstich befestigt.

Verwendete Maschen

Luftmasche (Lm), feste Masche (fM), halbes Stäbchen (hStb), Stäbchen (Stb), Kettmasche (Km), Überwendlingsstich (siehe Seite 10–13 für detaillierte Anleitungen).

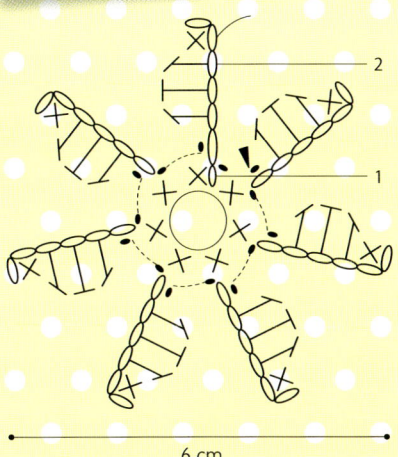

Blume

Mit dem gelben Garn zum Rundhäkeln einen Fadenring bilden (siehe Seite 14 für weitere Anleitungen).

Runde in der Mitte: 1 Lm, 7 fM. 1 Km in die 1. M der Runde, dann blaues oder weißes Garn einhäkeln.

Blütenblätter: 6 Lm.

1 fM in die 2. Lm von der Nadel häkeln, dann 3 hStb und 1 Km häkeln. 1 Km in die nächste M der mittleren Runde. Weitere 6-mal für alle Blütenblätter wiederholen

1 Km in die 1. M der Runde häkeln; das Garn abschneiden, einen Faden von etwa 15 cm stehenlassen und durchziehen.

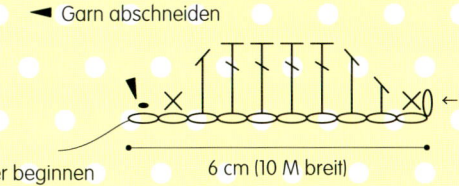

Blatt

Mit dem grünen Garn 11 Lm häkeln.

Reihe 1: Mit der 2. Lm von der Nadel beginnen, 1 fM, 2 hStb, 4 Stb, 1 hStb, 1 fM, 1 Km. Das Garn abschneiden, einen Faden von etwa 15 cm stehenlassen und durchziehen.

Einzelteile zusammennähen

Nähen Sie das Blatt mit dem Überwendlingsstich an die Rückseite des Gänseblümchens, wenn Sie dies möchten.

Gänseblümchen

Häschen

Material

- Dickes Garn (Gemisch aus grober Wolle und Acryl) in Weiß, 75 m (50 g)
- Mittleres Garn (Gemisch aus Wolle und Acryl) in Pink (kleine Menge für Nase und Details)

Handarbeitszeug

- Häkelnadel, 5 mm
- Stick- oder Garnnadel
- je 30 g Füllwatte
- Nähnadel und Baumwollgarn (wenn Sie Knöpfe als Augen verwenden)
- je 2 schwarze Knöpfe oder Sicherheitsaugen

Abmessungen*

Die fertige Größe beträgt 10 x 22 x 7 cm.

*Beachten Sie, dass die Abmessungen nur ungefähr sind und je nach Spannung und Garnwahl variieren können.

Anmerkungen zum Muster

Das Muster wird flach und in Reihen fester Maschen gehäkelt, wobei vier Haupt-Körperteile und zwei kleinere Teile entstehen. Nach dem Häkeln werden die Einzelteile mit Garn und einer Sticknadel im Überwendlingsstich zusammengenäht.

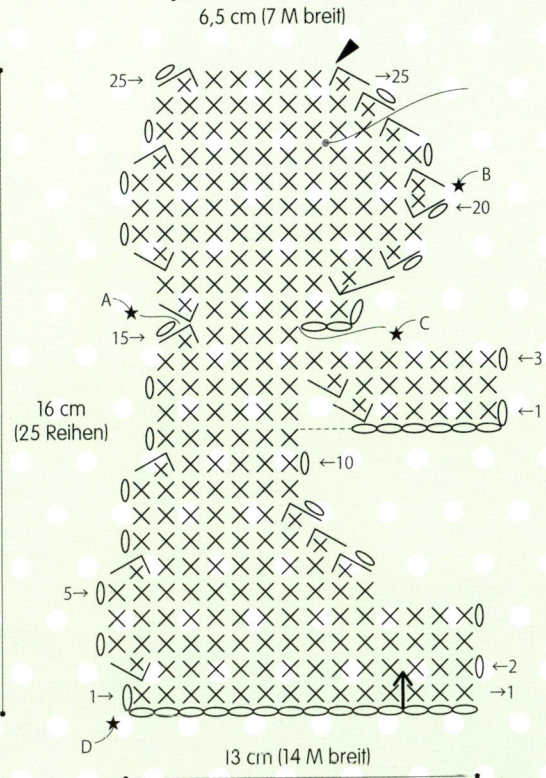

Körper, Kopf, Ärmchen und Hinterbeine (2-mal)

Mit 15 Lm beginnen (Wm mitgezählt).

Reihe 1: Mit der 2. Lm von der Nadel beginnen, 14 fM, 1 Lm.

Reihe 2: 13 fM, 1 fM zun, 1 Lm.

Reihe 3–4: 15 fM, 1 Lm.

Reihe 5: 11 fM, 1 Lm, vor Ende der Reihe wenden.

Reihe 6: 2 fM zus häkeln, 7 fM, 2 fM zus häkeln, 1 Lm.

Reihe 7: 7 fM, 2 fM zus häkeln, 1 Lm.

Reihe 8: 2 fM zus häkeln, 6 fM, 1 Lm.

Reihe 9: 7 fM, 1 Lm.

Reihe 10: 5 fM, 2 fM zus häkeln, 1 Lm.

Reihe 11–13: 6 fM, 1 Lm. Am Ende der 13. Reihe das Garn abschneiden, einen Faden von etwa 15 cm stehenlassen und durchziehen.

Das Ärmchen mit 7 Lm beginnen (Wm mitgezählt).

Reihe 1: 5 fM, 1 fM zun, 1 Lm.

Reihe 2: 1 fM zun, 6 fM, 1 Lm.

Reihe 3: 8 fM, Garn wieder am Körper anbringen, indem Sie entlang der Oberseite des Stücks fM häkeln. 6 fM, 1 Lm (Reihe wird nun Reihe 14 des Diagramms).

Mit dem Kopf fortfahren.

Reihe 15: 2 fM zus häkeln, 4 fM, 3 Lm.

Reihe 16: 6 fM, 1 fM zun, 1 Lm.

Reihe 17: 7 fM, in die nächste M 3 fM zun, 1 Lm (insgesamt 3 M zugenommen).

Reihe 18: 1 fM zun, 8 fM, 1 fM zun, 1 Lm.

Reihe 19: 12 fM, 1 Lm.

Reihe 20: 1 fM zun, 11 fm, 1 Lm.

Reihe 21: 11 fM, 2 fM zus häkeln, 1 Lm.

Reihe 22: 10 fM, 2 fM zus häkeln, 1 Lm.

Reihe 23: 9 fM, 2 fM zus häkeln, 1 Lm.

Reihe 24: 2 fM zus häkeln, 8 fM, 1 Lm.

Reihe 25: 2 fM zus häkeln, 5 fM, 2 fM zus häkeln. Das Garn abschneiden, einen Faden von etwa 15 cm stehenlassen und durchziehen.

Verwendete Maschen

Gehäkelt: Luftmasche (Lm), Wendeluftmasche (Wm), feste Masche (fM), feste Masche zunehmen (fM zun), feste Masche abnehmen (2 fM zus häkeln), Kettmasche (Km). Details und Nähen: Überwendlingsstich, Sticken (siehe Seite 10–13 für detaillierte Anleitungen).

Spezielle Maschen für diese Figur: 3 feste Maschen zunehmen (3 fM zun): 3-mal je 1 fM in dieselbe M häkeln.

*Anmerkung: Am Ende jeder Reihe befindet sich 1 Lm. Diese wird als Wendeluftmasche (Wm) benötigt, um die nächste Reihe zu beginnen. Das Diagramm zeigt dies am Beginn jeder Reihe.

Häschen

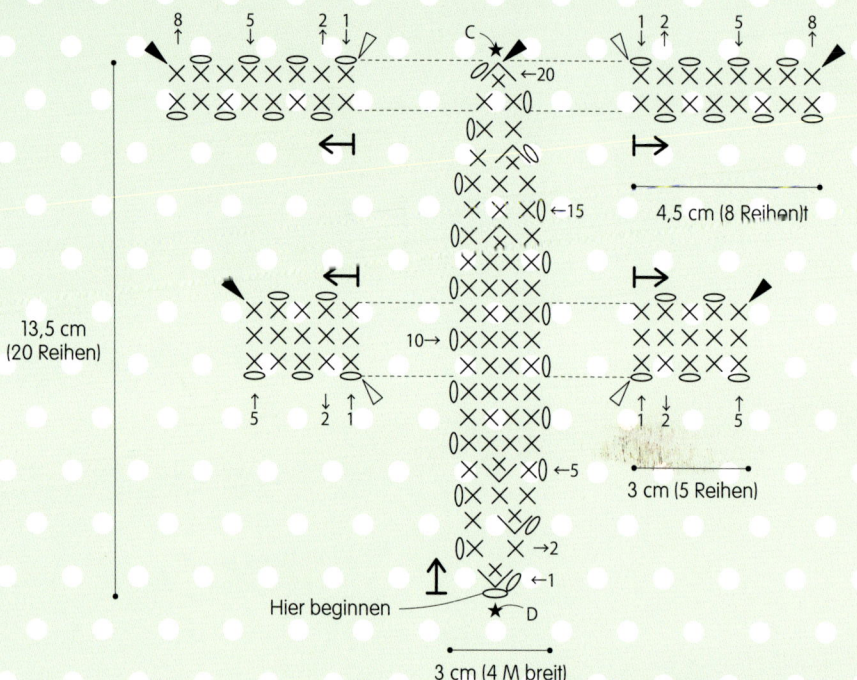

Bauch und Innenseiten der Beine

2 Lm anschlagen (1 Anfangs-Lm und 1 Wm)

Reihe 1: Mit der 2. Lm von der Nadel beginnen, 1 fM, 1 Lm.

Reihe 2: 1 fM zun, 1 Lm.

Reihe 3: 1 fM zun, 1 fM, 1 Lm.

Reihe 4: 3 fM, 1 Lm.

Reihe 5: 1 fM, 1 fM zun, 1 fM, 1 Lm.

Reihe 6–13: 4 fM, 1 Lm.

Reihe 14: 1 fM, 2 fM zus häkeln, 1 fM, 1 Lm.

Reihe 15–16: 3 fM, 1 Lm.

Reihe 17: 2 fM zus häkeln, 1 fM, 1 Lm.

Reihe 18–19: 2 fM, 1 Lm.

Reihe 20: 2 fM zus häkeln. Das Garn abschneiden, einen Faden von etwa 15 cm stehenlassen und durchziehen. Der Bauch ist fertig.

Beginnen Sie nun mit den Beininnenseiten. Das Garn in der 9. Reihe des Bauches für das 1. Hinterbeinchen anbringen.

Reihe 1: 1 Lm, 3 fM entlang der Seite, 1 Lm.

Reihe 2–5: 3 fM, 1 Lm. Am Ende der 5. Reihe das Garn abschneiden, einen Faden von etwa 20 cm stehenlassen und durchziehen.

Diese Reihen auf der gegenüberliegenden Seite des Bauches für das 2. Hinterbeinchen wiederholen.

Das Garn am Ende des Bauches für das 1. Vorderbein wieder einhäkeln.

Reihe 1: 1 Lm, 2 fM entlang der Seite, 1 Lm.

Reihe 2–8: 2 fM, 1 Lm. Am Ende der 8. Reihe das Garn abschneiden, einen Faden von etwa 20 cm stehenlassen und durchziehen.

Diese Reihen auf der gegenüberliegenden Seite des Bauches für das 2. Vorderbein wiederholen.

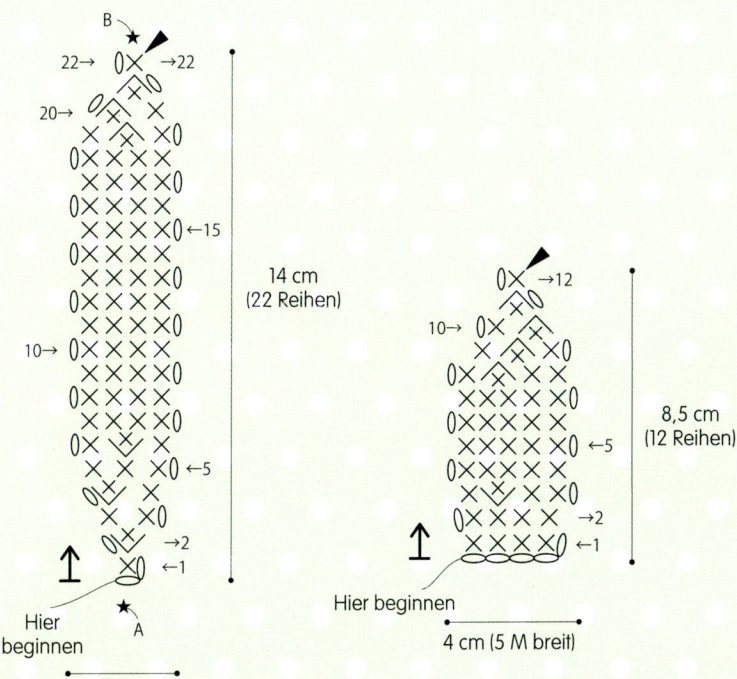
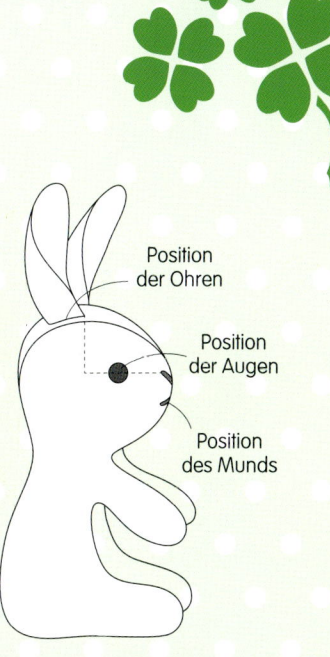

Hinterkopf

2 Lm anschlagen (1 Anfangs-Lm und 1 Wm)

Reihe 1: Mit der 2. Lm von der Nadel beginnen, 1 fM, 1 Lm

Reihe 2: 1 fM zun, 1 Lm.

Reihe 3: 2 fM, 1 Lm.

Reihe 4: 1 fM zun, 1 fM, 1 Lm.

Reihe 5: 3 fM, 1 Lm.

Reihe 6: 1 fM, 1 fM zun, 1 fM, 1Lm.

Reihe 7–18: 4 fM, 1 Lm.

Reihe 19: 1 fM, 2 fM zus häkeln, 1 fM, 1 Lm.

Reihe 20: 2 fM zus häkeln, 1 fM, 1 Lm.

Reihe 21: 2 fM zus häkeln, 1 Lm.

Reihe 22: 1 fM. Das Garn abschneiden, einen Faden von etwa 20 cm stehenlassen und durchziehen.

Ohren (2-mal häkeln)

Mit 5 Lm beginnen (Wm mitgezählt).

Reihe 1–2: 4 fM, 1 Lm.

Reihe 3: 2 fM, 1 fM zun, 1 fM, 1 Lm.

Reihe 4–7: 5 fM, 1 Lm.

Reihe 8: 1 fM, 2 fM zus häkeln, 2 fM, 1 Lm.

Reihe 9: 1 fM, 2 fM zus häkeln, 1 fM, 1 Lm.

Reihe 10: 1 fM, 2 fM zus häkeln, 1 Lm.

Reihe 11: 2 fM zus häkeln, 1 Lm.

Reihe 12: 1 fM. Das Garn abschneiden, einen Faden von etwa 20 cm stehenlassen und durchziehen.

Einzelteile zusammennähen

Den Anweisungen auf Seite 32 für das Zusammensetzen von stehenden Figuren folgen. Verwenden Sie die Muster-Diagramme als Orientierung für die Anordnung der einzelnen Teile.

Wenn Sie die Ohren befestigen, knicken Sie sie in der Mitte, damit sie ihre Form bekommen. Mit pinkfarbenem Garn und einer Sticknadel gerade Stiche für Mäulchen und Nase sticken.

Häschen

Erdbeeren

TECHNIKSCHWERPUNKT: Rund häkeln

Material
- Mittleres Garn (Gemisch aus Wolle und Acryl) in Pink oder Rot, 6,5 m (3 g)
- Mittleres Garn (Gemisch aus Wolle und Acryl) in Grün, 2,75 m (1 g)
- Mittleres Garn (Gemisch aus Wolle und Acryl) in Weiß, 2,75 m (1 g)

Handarbeitszeug
- Häkelnadel, 4,25 mm
- Stick- oder Garnnadel
- Füllwatte (kleine Menge)
- Verschließbarer Maschenmarkierer

Abmessungen*
Die fertige Größe beträgt 5 x 3 cm.

*Beachten Sie, dass die Abmessungen nur ungefähr sind und je nach Spannung und Garnwahl variieren können.

Anmerkungen zum Muster
Das Muster wird rund für die Erdbeere und flach für das oben angebrachte Blatt gehäkelt. Nach dem Häkeln werden die Einzelteile mit Garn und einer Sticknadel im Überwendlingsstich zusammengenäht. Hier finden Sie auch das vereinfachte Muster ohne die Schritt-für-Schritt-Anleitung.

Verwendete Maschen
Gehäkelt: Luftmasche (Lm), Stäbchen (Stb), feste Masche (fM), feste Masche zunehmen (fM zun), feste Masche abnehmen (2 fM zus häkeln), Kettmasche (Km). Details und Nähen: Überwendlingsstich (siehe Seite 10–13 für detaillierte Anleitungen).

Kugelförmige Objekte wie Früchte und Nüsse werden durchgehend rund gehäkelt – beginnend mit einer Schlinge, die sich „Fadenring" nennt. Rundhäkeln ist nützlich, wenn man dreidimensionale Formen erarbeiten möchte. Allein durch das Ändern der Maschen- und Reihenzahl können Sie eine Vielzahl verschiedener runder Formen häkeln.

Um eine saumlose Kugel zu häkeln, lassen Sie die Kettmasche am Ende jeder Runde weg. Häkeln Sie einfach in die erste Masche der letzten Runde, um eine durchgehende Spirale zu erhalten. Wenn Sie einen verschließbaren Maschenmarkierer für die erste Masche jeder Runde verwenden, behalten Sie auch Ihren Rundenfortschritt ganz leicht im Auge.

Diese Erdbeere, ein einfaches Accessoire, das zu jedem gehäkelten Waldtierchen passt, ist ein ideales Beispiel für eine rund gehäkelte Arbeit.

Einfach bezaubernd häkeln

In einer durchgehenden Spirale arbeiten

1 Machen Sie eine einzelne Schlinge und führen Sie die Häkelnadel von vorne nach hinten durch diese Schlinge, um eine weitere Schlinge zu erzeugen. So entsteht der Fadenring.

2 **Runde 1:** Häkeln Sie eine Luftmasche als Anfangsmasche und machen Sie dann eine feste Masche..

3 Entlang des Fadenrings weiterarbeiten und insgesamt 6 fM häkeln.

4 Halten Sie das Garnende fest und ziehen Sie es zu, um den Fadenring zu schließen. Dies vervollständigt die 1. Runde.

5 In der 7. M als Anfangsmasche der 2. Runde 1 fM zunehmen. Den Maschenmarkierer in die 1. Masche jeder neuen Runde hängen – dies erleichtert es Ihnen, Ihre Runden im Auge zu behalten. Wichtig: Am Ende der Runde diese NICHT mit einer Kettmasche schließen, sondern eine durchgehende Spirale häkeln.

6 **Runde 2:** (1 M zun) 6-mal (1. M der Runde mitgezählt).

Erdbeeren

Besondere dekorative Details

7 **Runde 3:** (1 fM in Weiß, 3 fM in Rot) 3-mal. Die weißen Flecken wie folgt häkeln: Mit weißem Garn einen Umschlag (U) machen und das Garn von der 1. M der 3. Reihe durchziehen.

8 Dann zum roten Garn wechseln. Umschlag und durch die Schlingen ziehen.

9 So entsteht ein v-förmiger Fleck (ein Samenkörnchen) auf Ihrer Erdbeere (oder Ihrem Pilz). 3 fM in Rot, dann Schritt 7–9 für den nächsten Fleck wiederholen.

10 4 weitere M lang wiederholen, um die 3. Runde zu vervollständigen.

11 **Runde 4:** (1 fM, 1 fM zun) 6-mal.

Runde 5: 4 fM in Rot, 1 fM in Weiß (5 fM in Rot, 1 fM in Weiß) 2-mal, 1 fM.

Runde 6: 18 fM.

Runde 7: 1 fM, (1 fM in Weiß, 5 fM in Rot) 2-mal, 1 fM in Weiß, 4 fM in Rot.

Auf der Innenseite der Arbeit sieht das weiße Garn so aus:

12 Wieder über die Schlinge häkeln, insgesamt 6 fM.

Einfach bezaubernd häkeln

13 Das Garn abschneiden und einen etwa 20 cm langen Faden stehenlassen. Die Erdbeere nun mit Füllwatte füllen.

14 Das Garnende in der letzten Runde verweben.

15 Das Garn festziehen, um die Spitze der Erdbeere zu schließen. Das Garn abschneiden und das Ende vernähen.

Vollständige Erdbeere

Rundhäkeln für letzte Details

16 Einen Fadenring machen und um die Schlinge häkeln.

Runde 1: 1 Lm, 5 fM.

17 Das Garnende des Fadenrings festziehen, um den Ring zu schließen. Die Nadel in die 1. fM stechen und 1 Km häkeln. Runde 1 ist fertig.

18 Runde 2: 3 fM für den Anfang. In die 1. M der letzten Runde ein Stb häkeln und dabei mit einem Umschlag beginnen.

Erdbeeren

Rundhäkeln für letzte Details

19 Die Nadel in die 1. Anfangs-Lm stechen, das Garn umschlagen und durchziehen.

20 Garn umschlagen und durch 2 Schlingen ziehen.

21 Erneut Garn umschlagen und durch die verbleibenden Schlingen ziehen.

22 Das Stäbchen ist fertig.

23 Um Runde 2 fertigzustellen, 3 Lm, 1 Km in die 2. M der letzten Runde. Das 1. Blatt ist fertig.

24 Weitere 4-mal wiederholen, um 5 Blätter zu häkeln (verwenden Sie das Diagramm zur Orientierung). Das Garn abschneiden und einen etwa 20 cm langen Faden stehenlassen.

Einzelstücke zusammennähen

25 Die Blätter umdrehen und mit dem Garnende am Anfang der Arbeit eine Schlinge machen, durch deren Mitte ziehen und das Garn abschneiden.

26 Das Garnende der Blätter in eine Sticknadel fädeln. Die Erdbeere mit dem Überwendlingsstich an den Blättern annähen.

27 Weitere 4-mal wiederholen, um 5 Blätter anzubringen.

Erdbeere

Mit dem roten oder pinken Garn zum Rundhäkeln einen Fadenring bilden.

Runde 1: 1 Lm, 6 fM. An jedem folgenden Rundenanfang in die 1. M der Vorrunde häkeln. Kennzeichnen Sie die 1. M mit einem verschließbaren Maschenmarkierer um den Rundenanfang nicht zu verlieren.

Runde 2: (fM zun) 6-mal.

Runde 3: (1 fM in Weiß, 3 fM in Rot) 3-mal (siehe Fotos für weiße Flecken).

Runde 4: (1 fM, 1 fM zun), 6-mal.

Runde 5: 4 fM in Rot, 1 fM in Weiß, (5 fM in Rot, 1 fM in Weiß) 2-mal, 1 fM.

Runde 6: 18 fM.

Runde 7: 1 fM (1 fM in Weiß, 5 fM in Rot) 2-mal, 1 fM in Weiß, 4 fM in Rot.

Runde 8: (1 fM, 2 fM zus häkeln) 6-mal.

Runde 9: (2 fM zus häkeln) 6-mal.

> Sie möchten Erdbeerblüten häkeln? Dann folgen Sie dem Muster für die Erdbeerblätter, verwenden Sie in der 1. Runde gelbes und in der 2. Runde weißes Garn!

Hüllblätter

Mit dem grünen Garn einen Fadenring zum Rundhäkeln machen.

Runde 1: 1 Lm, 6 fM, 1 Km.

Runde 2: 3 Lm, 1 Stb in die 1. M der Vorrunde, 3 Lm, 1 Km in die nächste M. 4-mal wiederholen, um die Blätter fertigzustellen.

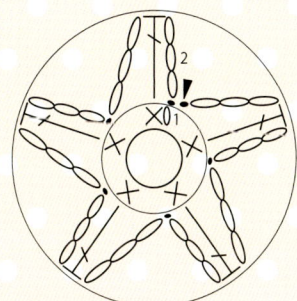

Fertigstellung der Erdbeere

Für den Stängel eine Schlinge durch die Mitte der Blätter ziehen, an der Unterseite abschneiden und befestigen. Die Beere mit Füllwatte füllen, das Garnende entlang der oberen Reihe verweben und dann festziehen, um die Beere zu schließen. Mit dem Überwendlingsstich die Blätter an die Beere annähen und die Enden vernähen, um die Erdbeere fertigzustellen.

Pilze

Material

- Dickes Garn (Gemisch aus Wolle und Acryl) in Dunkelbraun oder einer anderen holzähnlichen Farbe, 23 m (15 g)
- Dickes Garn (Gemisch aus Wolle und Acryl) in Beige, 6,5 m (4 g)
- Dickes Garn (Gemisch aus Wolle und Acryl) in Weiß, 2 m (1 g)

Handarbeitszeug

- Häkelnadel, 4,25 mm
- Stick- oder Garnnadel
- Füllwatte (kleine Menge)
- Verschließbarer Maschenmarkierer

Abmessungen*

Die fertige Größe beträgt 9 x 7,5 cm.

*Beachten Sie, dass die Abmessungen nur ungefähr sind und je nach Spannung und Garnwahl variieren können.

Anmerkungen zum Muster

Sowohl Hut als auch Stiel werden rund gehäkelt. Die Einzelteile werden später mit Garn und einer Sticknadel im Überwendlingsstich zusammengenäht.

Verwendete Maschen

Gehäkelt: Luftmasche (Lm), feste Masche (fM), feste Masche zunehmen (fM zun), feste Masche abnehmen (2 fM zus häkeln), Kettmasche (Km). Details und Nähen: Überwendlingsstich (siehe Seite 10–13 für detaillierte Anleitungen).

Einfach bezaubernd häkeln

Hut

Mit dem dunkelbraunen Garn einen Fadenring für das Rundhäkeln bilden (siehe Seite 14 für eine detailliertere Anleitung).

Runde 1: 1 Lm, 5 fM. An jedem folgenden Rundenanfang in die 1. M der Vorrunde häkeln und diese mit einem verschließbaren Maschenmarkierer kennzeichnen.

Runde 2: (1 fM zun) 5-mal.

Runde 3: (1 fM, 1 fM zun) 5-mal.

Runde 4: (1 fM in Weiß, 1 fM, 1 fM zun) 5-mal (siehe Seite 45 für Anleitung zu weißen Flecken).

Runde 5: (3 fM, 1 fM zun) 5-mal.

Runde 6: (4 fM, 1 fM zun) 5-mal.

Runde 7: (3 fM, 1 fM in Weiß, 1 fM, 1 fM zun) 5-mal.

Runde 8–9: 35 fM.

Runde 10: (1 fM in Weiß, 6 fM) 5-mal.

Runde 11: 35 fM.

Runde 12: (2 fM zus häkeln, 3 fM) 7-mal.

Runde 13: (2 fM zus häkeln, 2 fM) 7-mal. Den Hut jetzt bereits mit Füllwatte füllen, bevor Sie die letzten beiden Runden häkeln.

Runde 14: (2 fM zus häkeln, 1 fM) 7-mal.

Runde 15: (2 fM zus häkeln) 7-mal, 1 Km. Das Garn abschneiden, einen Faden von etwa 20 cm stehenlassen und durchziehen. Die Spitze mit dem Rest der Füllwatte füllen, bis die gewünschte Festigkeit erreicht ist.

Stiel

Mit dem beigen Garn einen Fadenring für das Rundhäkeln bilden (siehe Seite 14 für eine detailliertere Anleitung).

Runde 1: 1 Lm, 8 fM. An jedem folgenden Rundenanfang in die 1. M der Vorrunde häkeln und diese mit einem verschließbaren Maschenmarkierer kennzeichnen.

Runde 2: (1 fM, 1 fM zun) 7-mal.

Runde 3–5: 15 fM.

Runde 6: (2 fM zus häkeln, 2 fM) 4-mal, 1 fM

Runde 7–8: 11 fM, 1 Km. Das Garn abschneiden, einen Faden von etwa 20 cm stehenlassen und durchziehen.

Den Stiel mit Füllwatte füllen und dabei darauf achten, dass die Füllung nicht zu fest wird, damit die Unterseite flach bleibt und der Pilz noch stehen kann.

Fertigstellung

Mit dem Überwendlingsstich die Einzelteile zusammennähen

Pilze

Eichhörnchen

Material

- Dickes Garn (Gemisch aus grober Wolle und Acryl) in Beige, 60 m (40 g)
- Dickes Garn (Gemisch aus grober Wolle und Acryl) in Braun, 10 m (5 g)
- Dickes Garn (Gemisch aus grober Wolle und Acryl) in Weiß, 10 m (5 g)
- Mittleres Garn (Gemisch aus Wolle und Acryl) in Dunkelbraun (kleine Menge für die Nase)

Handarbeitszeug

- Häkelnadel, 5 mm
- Stick- oder Garnnadel
- Nähnadel und Baumwollgarn (wenn Sie Knöpfe als Augen verwenden)
- 30 g Füllwatte
- 2 schwarze Knöpfe oder Sicherheitsaugen (9 mm)

Verwendete Maschen

Gehäkelt: Luftmasche (Lm), Wendeluftmasche (Wm), feste Masche (fM), feste Masche zunehmen (fM zun), feste Masche abnehmen (2 fM zus häkeln), Kettmasche (Km). Details und Nähen: Überwendlingsstich, Sticken (siehe Seite 10–13 für detaillierte Anleitungen).

*Anmerkung: Am Ende jeder Reihe befindet sich 1 Lm. Diese wird als Wendeluftmasche (Wm) benötigt, um die nächste Reihe zu beginnen. Das Diagramm zeigt dies am Beginn jeder Reihe.

Abmessungen*

Die fertige Größe beträgt 15,5 x 14 x 7,5 cm.

*Beachten Sie, dass die Abmessungen nur ungefähr sind und je nach Spannung und Garnwahl variieren können.

Anmerkungen zum Muster

Das Muster wird flach und in Reihen fester Maschen gehäkelt, wobei vier Haupt-Körperteile und vier kleinere Teile entstehen. Nach dem Häkeln werden die Stücke mit Garn und einer Sticknadel im Überwendlingsstich zusammengenäht.

Körper, Kopf, Ärmchen und Hinterbeine (2-mal)

Mit braunem Garn 14 Lm anschlagen (Wm mitgezählt).

Reihe 1: Mit der 2. Lm von der Nadel beginnen, 13 fM, 1 Lm.

Reihe 2: 2 fM zun, 12 fM, 1 Lm.

Reihe 3: 14 fM, 1 Lm.

Reihe 4: 10 fM, 1 Lm, vor Ende der Reihe wenden.

Reihe 5: 2 fM zus häkeln, 7 fM, 2 fM zus häkeln, 1 Lm.

Reihe 6: 2 fM zus häkeln, 5 fM, 2 fM zus häkeln, 1 Lm.

Reihe 7: 2 fM zus häkeln, 5 fM, 1 Lm.

Reihe 8–10: 6 fM, 1 Lm. Am Ende der 10. Reihe das Garn abschneiden, einen Faden von etwa 15 cm stehenlassen und durchziehen.

Für das Ärmchen 6 Lm anschlagen (Wm mitgezählt).

Reihe 1: 4 fM, 1 fM zun, 1 Lm.

Reihe 2: 1 fM zun, 5 fM, 1 Lm.

Reihe 3: 7 fM, Garn wieder am Körper anbringen, indem Sie entlang der Oberseite des Stücks fM häkeln.

6 fM, 1 Lm (Reihe wird nun Reihe 11 des Diagramms).

Mit dem Kopf fortfahren.

Reihe 12: 2 fM zus häkeln, 4 fM, 3 Lm (Wm mitgezählt).

Reihe 13: 6 fM, 1 fM zun, 1 Lm.

Reihe 14: 7 fM, 1 fM zun, 1 Lm.

Reihe 15: 1 fM zun, 7 fM, 1 fM zun, 1 Lm.

Reihe 16: 11 fM, 1 Lm.

Reihe 17: 1 fM zun, 10 fM, 1 Lm.

Reihe 18: 10 fM, 2 fM zus häkeln, 1 Lm.

Reihe 19: 2 fM zus häkeln, 7 fM, 2 fM zus häkeln, 1 Lm.

Reihe 20: 7 fM, 2 fM zus häkeln, 1 Lm.

Reihe 21: 1. M überspringen, 5 fM, 2 fM zus häkeln. Das Garn abschneiden, einen Faden von etwa 15 cm stehenlassen und durchziehen.

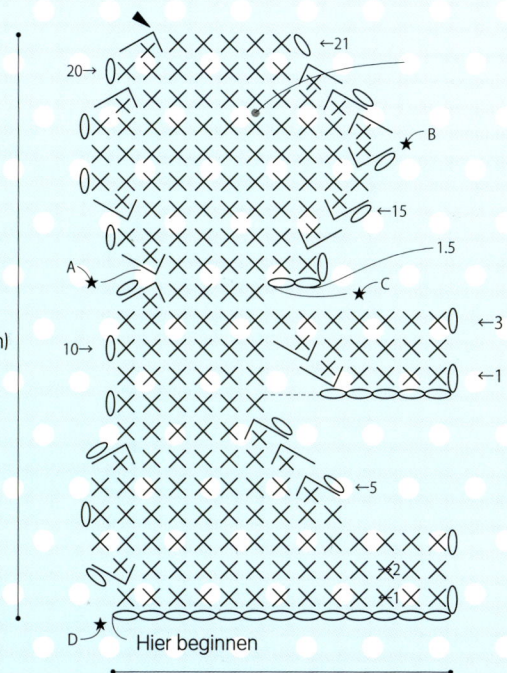

Eichhörnchen

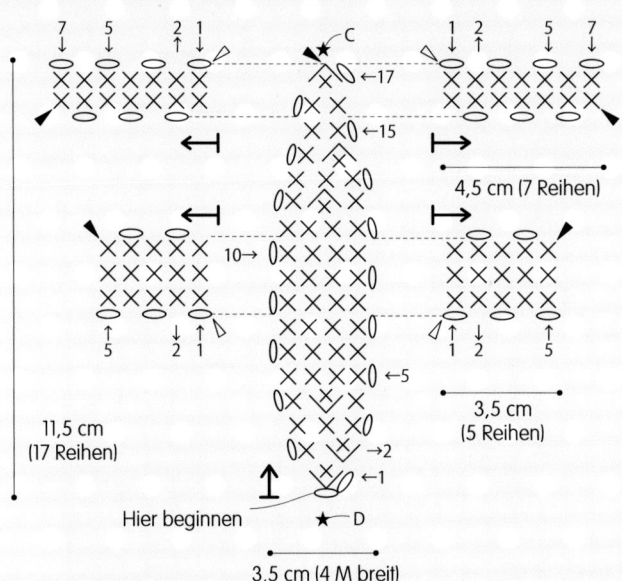
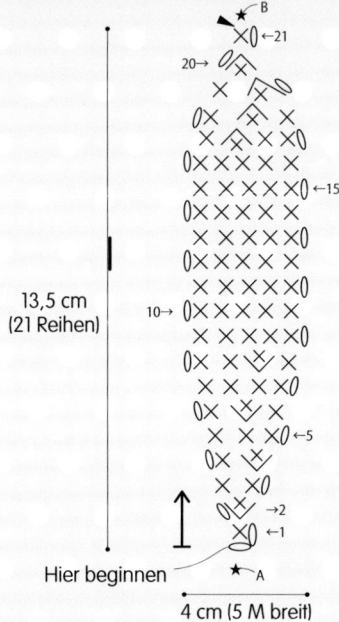

Bauch und Innenseiten der Beine

Mit dem weißen Garn 2 Lm anschlagen (1 Anfangs-Lm und 1 Wm)

Reihe 1: Mit der 2. Lm von der Nadel beginnen, 1 fM zun, 1 Lm.

Reihe 2: 1 fM, 1 fM zun, 1 Lm.

Reihe 3: 3 fM, 1 LM.

Reihe 4: 1 fM, 1 fM zun, 1 fM, 1 Lm.

Reihe 5–11: 4 fM, 1 Lm.

Reihe 12: 1 fM, 2 fM zus häkeln, 1 fM, 1 Lm.

Reihe 13: 3 fM, 1 Lm.

Reihe 14: 1 fM, 2 fM zus häkeln, 1 Lm.

Reihe 15–16: 2 fM, 1 Lm.

Reihe 17: 2 fM zus häkeln. Das Garn abschneiden, einen Faden von etwa 15 cm stehenlassen und durchziehen. Der Bauch ist fertig.

Beginnen Sie nun mit den Beininnenseiten. Das Garn in der 8. Reihe des Bauchs für das 1. Hinterbeinchen anbringen.

Reihe 1: 1 Lm, 3 fM entlang der Seite, 1 Lm.

Reihe 2–5: 3 fM, 1 Lm. Am Ende der 5. Reihe das Garn abschneiden, einen Faden von etwa 20 cm stehenlassen und durchziehen.

Diese Reihen auf der gegenüberliegenden Seite des Bauches für das 2. Hinterbeinchen wiederholen.

Das Garn am Ende des Bauches für das 1. Vorderbein wieder einhäkeln

Reihe 1: 1 Lm, 2 fM entlang der Seite, 1 Lm.

Reihe 2–7: 2 fM, 1 Lm. Am Ende der 7. Reihe das Garn abschneiden, einen Faden von etwa 20 cm stehenlassen und durchziehen.

Diese Reihen auf der gegenüberliegenden Seite des Bauches für das 2. Vorderbeinchen wiederholen.

Hinterkopf

Mit dem beigen Garn 2 Lm anschlagen (1 Anfangs-Lm und 1 Wm)

Reihe 1: Mit der 2. Lm von der Nadel beginnen, 1 fM, 1 Lm

Reihe 2: 1 fM zun, 1 Lm.

Reihe 3: 2 fM, 1 Lm.

Reihe 4: 1 fM, 1 fM zun, 1 Lm.

Reihe 5: 3 fM, 1 Lm.

Reihe 6: 1 fM, 1 fM zun, 1 fM, 1 Lm.

Reihe 7: 4 fM, 1 Lm.

Reihe 8: 2 fM, 1 fM zun, 1 fM, 1 Lm.

Reihe 9–16: 5 fM, 1 Lm.

Reihe 17: 2 fM, 2 fM zus häkeln, 1 fM, 1 Lm.

Reihe 18: 1 fM, 2 fM zus häkeln, 1 fM, 1 Lm.

Reihe 19: 2 fM zus häkeln, 1 fM, 1 Lm.

Reihe 20: 2 fM zus häkeln, 1 Lm.

Reihe 21: 1 fM. Das Garn abschneiden, einen Faden von etwa 20 cm stehenlassen und durchziehen.

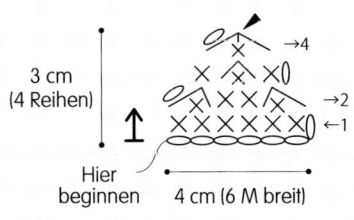

Ohren (2-mal häkeln)

Mit dem beigen Garn 7 Lm anschlagen (Wm mitgezählt).

Reihe 1: Mit der 2. Lm von der Nadel beginnen, 6 fM, 1 Lm.

Reihe 2: 2 fM zus häkeln, 2 fM, 2 fM zus häkeln, 1 Lm.

Reihe 3: 1 fM, 2 fM zus häkeln, 1 fM, 1 Lm.

Nasenspitze

Mit dem mittleren, braunen Garn 2 Lm anschlagen.

Reihe 1: 2 fM in die 2. Lm. Garn abschneiden, einen Faden von etwa 20 cm stehenlassen und durchziehen.

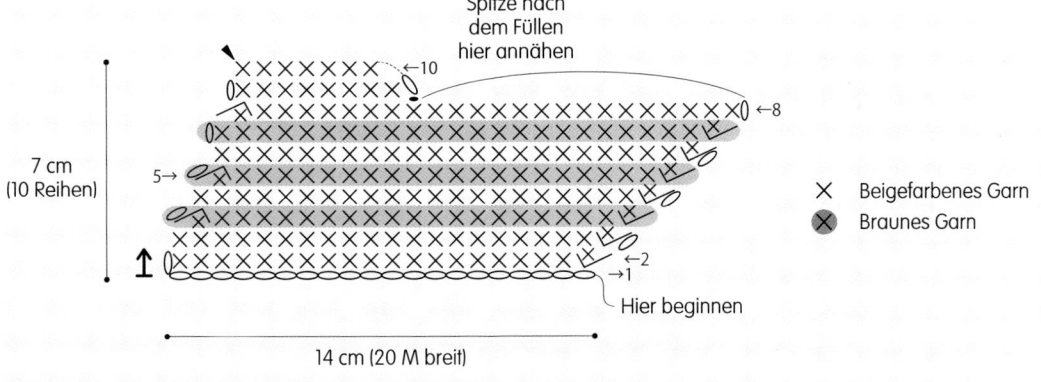

Schwänzchen (2-mal häkeln)

Mit dem beigen Garn 21 Lm anschlagen (Wm mitgezählt).

Reihe 1: 19 fM, 1 fM zun, 1 Lm.

Reihe 2: 1 fM zun, 20 fM, zu braunem Garn wechseln, 1 Lm.

Reihe 3 (braun): 2 fM zus häkeln, 19 fM, 1 fM zun, zu beigefarbenem Garn wechseln, 1 Lm.

Reihe 4 (beige): 1 fM zun, 21 fM, zu braunem Garn wechseln, 1 Lm.

Reihe 5 (braun): 2 fM zus häkeln, 20 fM, 1 fM zun, zu beigefarbenem Garn wechseln, 1 Lm.

Reihe 6 (beige): 1 fM zun, 22 fM, zu braunem Garn wechseln, 1 Lm.

Reihe 7 (braun): 23 fM, 1 fM zun, zu beigefarbenem Garn wechseln, 1 Lm.

Reihe 8 (beige): 23 fM, 2 fM zus häkeln, 1 Lm.

Reihe 9: 8 fM, 1 Lm.

Reihe 10: Die 1. M überspringen, 7 fM. Das Garn abschneiden, einen Faden von etwa 20 cm stehenlassen und durchziehen. Für die 2. Hälfte des Schwänzchens dieses Muster wiederholen.

Einzelteile zusammennähen

Falls Sie Sicherheitsaugen verwenden, bringen Sie diese nun an und folgen Sie dabei den Anweisungen auf der Verpackung (orientieren Sie sich dabei am Häkeldiagramm).

Den Anweisungen auf Seite 32 für das Zusammensetzen von stehenden Figuren folgen. Verwenden Sie die Muster-Diagramme als Orientierung für die Anordnung der einzelnen Teile.

Die beiden Schwanzteile mit dem Überwendlingsstich zusammennähen und zu etwa 80 % mit Füllwatte füllen. Die Schwanzspitze nach unten an die Rückseite des Schwänzchens biegen und mit einem Stich annähen, um dem Schwänzchen seine Form zu geben.

Fertigstellung

Nach dem Füllen des Körpers das Schwänzchen hinten am Körper anbringen. Falten Sie die Ohren beim Annähen in der Mitte, um ihnen ihre Form zu verleihen. Die Nasenspitze mit dem Überwendlingsstich annähen. Falls Sie für die Augen Knöpfe verwenden, bringen Sie diese nun an. Mit dem braunen Garn das Mäulchen in geraden Stichen annähen.

Einfach bezaubernd häkeln

Eicheln

Material
- Mittleres Garn (Gemisch aus Acryl und Wolle) in Beige und Braun, je 2,75 m (1 g)

Tools
- Häkelnadel, 4,25 mm
- Stick- oder Garnnadel
- Füllwatte (kleine Menge)
- Verschließbarer Maschenmarkierer

Verwendete Maschen
Gehäkelt: Luftmasche (Lm), feste Masche (fM), feste Masche zunehmen (fM zun), feste Masche abnehmen (2 fM zus häkeln), Kettmasche (Km). Details und Nähen: Überwendlingsstich (siehe Seite 10–13 für detaillierte Anleitungen).

Abmessungen*
Die fertige Größe beträgt 4,5 x 2,5 cm.

*Beachten Sie, dass die Abmessungen nur ungefähr sind und je nach Spannung und Garnwahl variieren können.

Anmerkungen zum Muster
Sowohl Hut als auch Stiel werden rund gehäkelt. Die Einzelteile werden später mit Garn und einer Sticknadel im Überwendlingsstich zusammengenäht.

Einfach bezaubernd häkeln

Eichel

Mit dem beigen Garn einen Fadenring für das Rundhäkeln bilden (siehe Seite 14 für eine detailliertere Anleitung).

Runde 1: 1 Lm, 4 fM. An jedem folgenden Rundenanfang in die 1. M der Vorrunde häkeln und diese mit einem verschließbaren Maschenmarkierer kennzeichnen.

Runde 2: (1 fM zun, 1 fM) 2-mal.

Runde 3: (1 fM, 1 fM zun) 3-mal.

Runde 4: 9 fM.

Runde 5: (2 fM, 1 fM zun) 3-mal.

Runde 6: 12 fM.

Runde 7: (1 fM, 2 fM zus häkeln) 4-mal. Das Garn abschneiden, einen Faden von etwa 20 cm stehenlassen und durchziehen.

Fertigstellung

Mit dem Überwendlingsstich die Einzelteile zusammennähen.

Kappe

Mit dem braunen Garn einen Fadenring für das Rundhäkeln bilden.

Runde 1: 1 Lm, 6 fM. An jedem folgenden Rundenanfang in die 1. M der Vorrunde häkeln und diese mit einem verschließbaren Maschenmarkierer kennzeichnen.

Runde 2: (1 fM zun) 6-mal.

Runde 3: 4 fM, 1 fM zun, 5 fM, 1 fM zun, 1 fM.

Runde 4: 14 fM. Das Garn abschneiden, einen Faden von etwa 20 cm stehenlassen und durchziehen.

Die Kappe von innen nach außen wenden, um die Rundung der Eichel zu erhalten. Für den Stängel mit dem Anfangsfaden eine Schlinge machen und ihn fixieren.

Schlinge für die Spitze der Kappe

4,5 cm

Im Überwendlingsstich zusammennähen

Eicheln

Herr & Frau Bär

Material

- Dickes Garn (Gemisch aus Wolle und Acrylgarn) in Weiß für die Braut, 75 m (50 g)
- Dickes Garn (Gemisch aus Wolle und Acrylgarn) in Hellbraun für den Bräutigam, 75 m (50 g)
- Mittleres Garn (Gemisch aus Wolle und Acrylgarn) in Schwarz, 5,5 m (2 g) für die Fliege
- Mittleres Garn (Gemisch aus Wolle und Acrylgarn) in Grau (kleine Menge für Nase und Details)
- Tüll oder Spitze für den Schleier, 18 x 50 cm

Handarbeitszeug

- Häkelnadel, 5 mm
- Häkelnadel, 3,25 mm
- Stick- oder Garnnadel
- 30 g Füllwatte
- Nähnadel und Baumwollgarn (wenn Sie Knöpfe als Augen verwenden)
- 2 schwarze Knöpfe oder Sicherheitsaugen (9 mm)

Verwendete Maschen

Gehäkelt: Luftmasche (Lm), Wendeluftmasche (Wm), feste Masche (fM), feste Masche zunehmen (fM zun), feste Masche abnehmen (2 fM zus häkeln), Kettmasche (Km). Details und Nähen: Überwendlingsstich, Sticken (siehe Seite 10–13 für detaillierte Anleitungen).

*Anmerkung: Am Ende jeder Reihe befindet sich 1 Lm. Diese wird als Wendeluftmasche (Wm) benötigt, um die nächste Reihe zu beginnen. Das Diagramm zeigt dies am Beginn jeder Reihe.

Abmessungen*

Die fertige Größe beträgt 19 x 10 x 10 cm.

*Beachten Sie, dass die Abmessungen nur ungefähr sind und je nach Spannung und Garnwahl variieren können.

Anmerkungen zum Muster

Das Muster wird flach in Hin- und Rückreihen gehäkelt und vier Haupt-Körperteile und vier kleinere Teile entstehen. Die Arme werden separat rundgehäkelt. Die Rosen und die Fliege werden extra gehäkelt. Nach dem Häkeln werden die Einzelteile mit Garn und einer Sticknadel im Überwendlingsstich zusammengenäht.

Körper, Kopf, Vorder- und Hinterbeine (2-mal)

16 Lm anschlagen (Wm mitgezählt).

Reihe 1: Mit der 2. Lm von der Nadel beginnen, 14 fM, 1 Lm.
Reihe 2: 1 fM zun, 14 fM, 1 Lm.
Reihe 3–5: 16 fM, 1 Lm.
Reihe 6: 12 fM, 1 Lm, vor Ende der Reihe wenden.
Reihe 7: 2 fM zus häkeln, 8 fM, 2 fM zus häkeln, 1 Lm.
Reihe 8–10: 10 fM, 1 Lm.
Reihe 11: 2 fM zus häkeln, 8 fM, 1 Lm.
Reihe 12–15: 9 fM, 1 Lm.
Reihe 16: 2 fM zus häkeln, 7 fM, 1 Lm.
Reihe 17: 1 fM zun, 6 fM, 1 fM zun, 1 Lm.
Reihe 18: 9 fM, 1 fM zun, 1 Lm.
Reihe 19: (1 fM zun) 2-mal, 9 fM, 1 Lm.
Reihe 20–23: 13 fM, 1 Lm.
Reihe 24: 7 fM, 2 fM zus häkeln, 1 Lm, vor Ende der Reihe wenden.
Reihe 25: 6 fM, 2 fM zus häkeln, 1 Lm.
Reihe 26: 5 fM, 2 fM zus häkeln, 1 Lm.
Reihe 27: 2 fM zus häkeln, 2 fM, 2 fM zus häkeln. Das Garn abschneiden, einen Faden von etwa 15 cm stehenlassen und durchziehen.

> Verwenden Sie einen verschließbaren Maschenmarkierer, um die Stellen zu kennzeichnen, an die jetzt die Arme angebracht werden sollen. So wird es später viel leichter sein, die richtige Stelle zu finden, wenn Sie die Arme anbringen möchten!

Herr & Frau Bär

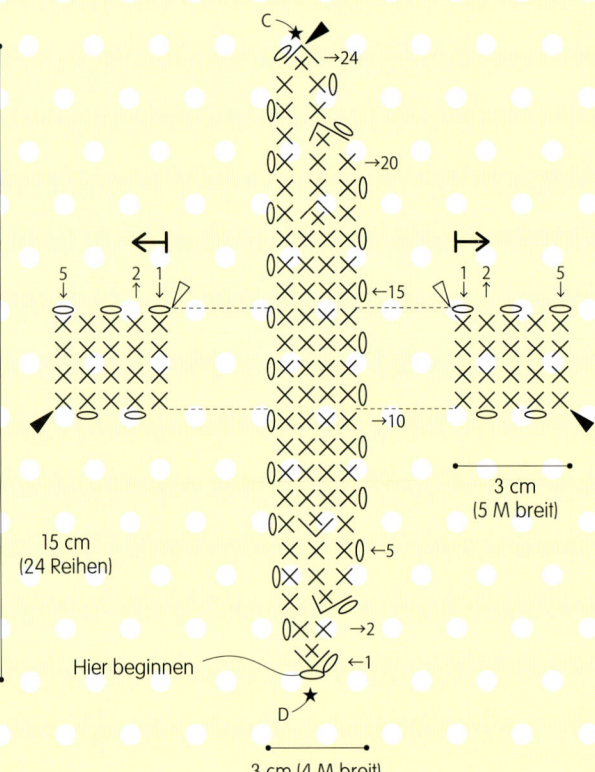

Bauch und Innenseiten der Beine

2 Lm anschlagen (1 Anfangs-Lm und 1 Wm).

Reihe 1: Mit der 2. Lm von der Nadel beginnen, 1 fM zun, 1 Lm.

Reihe 2: 2 fM, 1 Lm.

Reihe 3: 1 fM zun, 2 fM, 1 Lm.

Reihe 4–5: 3 fM, 1 Lm.

Reihe 6: 1 fM, 1 fM zun, 1 fM, 1 Lm.

Reihe 7–17: 4 fM, 1 Lm.

Reihe 18: 1 fM, 2 fM zus häkeln, 1 fM, 1 Lm.

Reihe 19–21: 3 fM, 1 Lm.

Reihe 21: 2 fM zus häkeln, 1 fM, 1 Lm.

Reihe 22–23: 2 fM, 1 Lm.

Reihe 24: 2 fM zus häkeln. Das Garn abschneiden, einen Faden von etwa 15 cm stehenlassen und durchziehen.

Beginnen Sie nun mit den Beininnenseiten. Das Garn an der 15. Reihe des Bauchs für das 1. Hinterbeinchen anbringen.

Reihe 1: 1 Lm, 4 fM entlang des Randes, 1 Lm.

Reihe 2–5: 4 fM, 1 Lm. Am Ende der 5. Reihe das Garn abschneiden, einen Faden von etwa 20 cm stehenlassen und durchziehen. Diese Reihen auf der gegenüberliegenden Seite des Bauches für das 2. Hinterbeinchen wiederholen.

Nasenspitze

Mit dem mittleren, grauen Garn 2 Lm anschlagen.

Reihe 1: 1 fM zun. Das Garn abschneiden, einen Faden von etwa 20 cm stehenlassen und durchziehen.

Achten Sie darauf, einen langen Faden stehenzulassen, um die Gesichtsdetails annähen zu können.

Ohren (2-mal häkeln)

Die Ohren werden rund gehäkelt, beginnen Sie daher mit einem Fadenring.

Reihe 1: 1 Lm, 5 fM, 1 Lm. Die Runde NICHT mit einer Km schließen. Die Arbeit umdrehen und jetzt im Halbkreis hin- und herhäkeln, um die Form des Ohrs zu erhalten.

Reihe 2: (1 fM, 1 fM zun) 2-mal, 1 fM, 1 Lm.

Reihe 3: (1 fM, 1 fM zun) 3-mal, 1 fM. Das Garn abschneiden, einen Faden von etwa 20 cm stehenlassen und durchziehen.

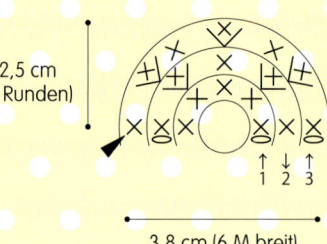

Einfach bezaubernd häkeln

Herr & Frau Bär

Einfach bezaubernd häkeln

13,5 cm
(21 Reihen)

6 cm (8 M breit)

Hier beginnen

Hinterkopf

3 Lm anschlagen (Wm mitgezählt)

Reihe 1: Mit der 2. Lm von der Nadel beginnen, 2 fM, 1 Lm

Reihe 2: 2 fM, 1 Lm

Reihe 3: (1 fM zun) 2-mal, 1 Lm.

Reihe 4: 4 fM, 1 Lm.

Reihe 5: 1 fM zun, 2 fM, 1 fM zun, 1 Lm.

Reihe 6: 6 fM, 1 Lm.

Reihe 7: 1 fM zun, 4 fM, 1 fM zun, 1 Lm.

Reihe 8–16: 8 fM, 1 Lm.

Reihe 17: 2 fM zus häkeln, 4 fM, 2 fM zus häkeln, 1 Lm.

Reihe 18: 2 fM zus häkeln, 2 fM, 2 fM zus häkeln, 1 Lm.

Reihe 19: 2 fM, 2 fM zus häkeln, 1 Lm.

Reihe 20: 1 fM, 2 fM zus häkeln, 1 Lm.

Reihe 21: 2 fM zus häkeln. Das Garn abschneiden, einen Faden von etwa 20 cm stehenlassen und durchziehen.

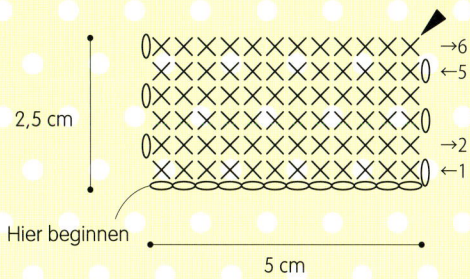

2,5 cm

Hier beginnen

5 cm

Vorderbeinchen (2-mal häkeln)

Rundhäkeln und mit einem Fadenring beginnen.

Runde 1: 1 Lm, 6 fM, 1 Lm. Beginnen Sie jede weitere Runde, indem Sie in die 1. M der vorigen Runde häkeln. Markieren Sie die 1. M mit einem verschließbaren Maschenmarkierer, um den Rundenanfang zu kennzeichnen.

Runde 2: (1 fM, 1 fM zun) 3-mal.

Runde 3–7: 9 fM.

Runde 8: (1 fM, 2 fM zus häkeln) 3-mal.

Runde 9: 6 fM. Das Garn abschneiden, einen Faden von etwa 20 cm stehenlassen und durchziehen.

Fliege

Mit der kleineren Häkelnadel (3,25 mm) und dem mittleren, schwarzen Garn 13 Lm anschlagen. (Wm mitgezählt)

Reihe 1–6: 12 fM, 1 Lm.

Das Garn abschneiden, einen Faden von etwa 15 cm stehenlassen und durchziehen. Die Enden vernähen. Die Arbeit wie ein Akkordeon falten und in der Mitte mit einem übriggebliebenen Stück schwarzen Garns zusammenbinden, um die Fliege fertigzustellen. Lassen Sie die Garnenden des Stücks in der Mitte stehen, um die Fliege später am Bären anzubringen.

Die Einzelteile zusammenfügen

Nehmen Sie die Anleitungen auf Seite 32 für das Zusammenfügen der Einzelteile von Figuren zur Hilfe. Verwenden Sie das Häkeldiagramm als Anhaltspunkt für die Anordnung der einzelnen Teile. Benutzen Sie ein wenig Füllwatte für die Arme und bringen Sie sie an den Bären an. Nähen Sie die Nasenspitze mit dem Überwendlingsstich an und sticken Sie das Mäulchen in geraden Stichen.

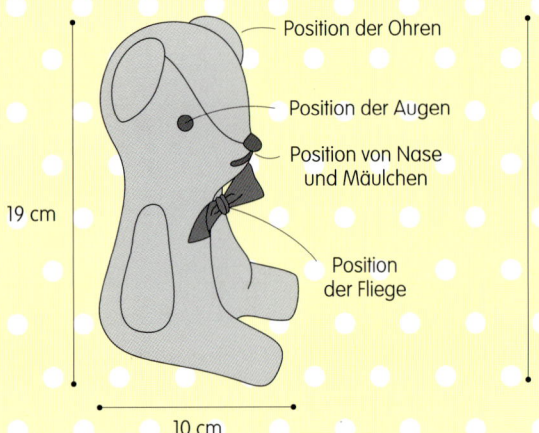

Verzierungen

Befestigen Sie die Fliege am Hals des Bräutigams. Häkeln Sie 6 kleine Rosen und ein Blatt für die Braut (siehe Anleitung nächste Seite). Bringen Sie 3 Rosen am Scheitel der Bärin an und fügen Sie die restlichen 3 gemeinsam mit einem Blatt zu einem Brautstrauß zusammen. Befestigen Sie den Strauß zwischen den Armen und nähen Sie als Schleier ein Stück Spitze oder Tüll oben am Kopf an.

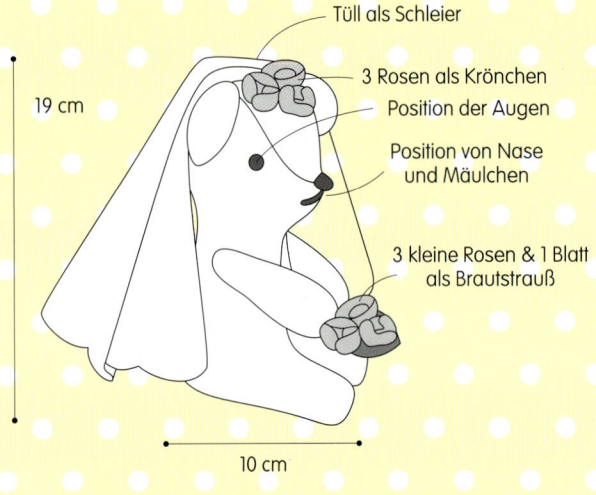

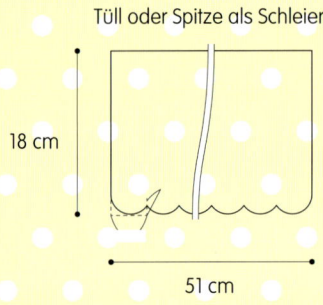

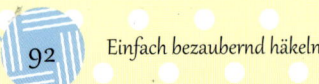

Rosen

Material
- Mittleres Garn (Gemisch aus Wolle und Acryl) in Rot oder Rosa, 8,5 m (3 g) für große Blüten, 5,5 m (2 g) für mittlere Blüten, 2,75 m (1 g) für kleine Blüten.
- Blatt: Mittleres Garn (Gemisch aus Wolle und Acryl) in Grün, 2,75 m (1 g)

Verwendete Maschen
Gehäkelt: Luftmasche (Lm), feste Masche (fM), halbes Stäbchen (hStb), Stäbchen (Stb) und Kettmasche (Km). Nähen: Überwendlingsstich (siehe Seite 10–13 für detaillierte Anleitungen).

Handarbeitszeug
- Häkelnadel, 4,25 mm
- Stick- oder Garnnadel

Abmessungen*
Die fertige Größe der großen Rose (2 Blätter eingeschlossen) beträgt 7 x 5 cm. *Beachten Sie, dass die Abmessungen nur ungefähr sind und je nach Spannung und Garnwahl variieren können.

Anmerkungen zum Muster
Das Muster wird sowohl für die Blume als auch für das Blatt flach gehäkelt. Die Blume wird dann aufgerollt, um den Effekt von Rosenblättern zu erzeugen.

Blume
9 Lm (kleine Rose), 16 Lm (mittlere Rose) oder 24 Lm (große Rose) anschlagen.

Reihe 1: Mit der 4. Lm von der Nadel beginnen, 2 Stb in dieselbe Lm. Je 3 Stb in die verbleibenden Lm.

Reihe 2: (1 Km, 1 hStb, 1 Stb, 1 hStb) 3-mal, (1 Km, 1 hStb, 3 Stb, 1 hStb) 1-mal für die kleine Blüte, 3-mal für die mittlere und die große Blüte, (1 Km, 1 hStb, 5 Stb, 1 hStb) 1-mal für die mittlere Blüte, 4-mal für die große Blüte. Das Garn abschneiden, einen Faden von etwa 20 cm stehenlassen und durchziehen.

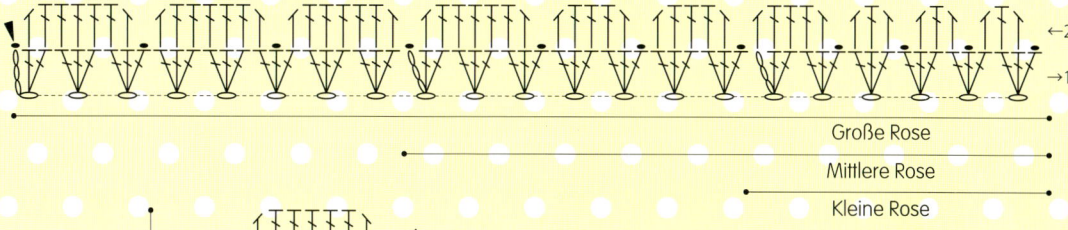

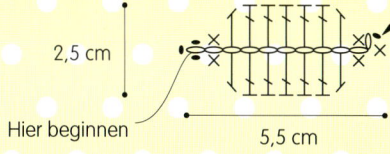

Blatt
Mit dem grünen Garn 11 Lm anschlagen.

Reihe 1: Mit der 2. Lm von der Nadel beginnen, 1 fM, 1 hStb, 5 Stb, 1 hStb, 1 fM, 3 Km. Wenden und auf der gegenüberliegenden Seite der Lm-Kette weiterhäkeln. 1 fM, 1 hStb, 5 Stb, 1 hStb, 2 fM, 1 Km. Das Garn abschneiden, einen Faden von etwa 15 cm stehenlassen und durchziehen.

Die Einzelteile zusammenfügen
Rollen Sie die Blüte vom Beginn an auf, um die Rose zu gestalten. Ist sie eingerollt, nähen Sie sie an der Unterseite zusammen, damit die Blume zusammenhält. Wenn gewünscht, fügen Sie das Blatt hinzu und nähen Sie es mit dem Überwendlingsstich an.

Waschbär

Material
- Dickes Garn (Gemisch aus grober Wolle und Acryl) in Senfgelb oder Beige, 60 m (40 g)
- Dickes Garn (Gemisch aus grober Wolle und Acryl) in Weiß und Grau, je 8,5 m (5 g)
- Dickes Garn (Gemisch aus grober Wolle und Acryl) in Dunkelgrau (eine kleine Menge für Nase und Mäulchen)

Handarbeitszeug
- Häkelnadel, 5 mm
- Stick- oder Garnnadel
- Verschließbarer Maschenmarkierer
- Nähnadel und Baumwollgarn (wenn Sie Knöpfe als Augen verwenden)
- 30 g Füllwatte
- 2 schwarze Knöpfe oder Sicherheitsaugen (9 mm)

Abmessungen*
Die fertige Größe beträgt 17 x 17 x 10 cm.

*Beachten Sie, dass die Abmessungen nur ungefähr sind und je nach Spannung und Garnwahl variieren können.

Verwendete Maschen
Gehäkelt: Luftmasche (Lm), Wendelluftmasche (Wm), feste Masche (fM), feste Masche zunehmen (fM zun), feste Masche abnehmen (2 fM zus häkeln), Kettmasche (Km). Details und Nähen: Überwendlingsstich, Sticken (siehe Seite 10–13 für detaillierte Anleitungen).

Anmerkungen zum Muster

Das Muster wird flach in Hin- und Rückreihen gehäkelt und vier Haupt-Körperteile und vier kleinere Teile entstehen. Die Arme und der Schwanz werden separat rundgehäkelt. Nach dem Häkeln werden die Stücke mit Garn und einer Sticknadel im Überwendlingsstich zusammengenäht.

* Anmerkung: Am Ende jeder Reihe befindet sich 1 Lm. Diese wird als Wendeluftmasche (Wm) benötigt, um die nächste Reihe zu beginnen. Das Diagramm zeigt dies am Beginn jeder Reihe.

Körper, Kopf, Vorder- und Hinterbeine (2-mal)

Mit dem senffarbenen Garn 16 Lm anschlagen (Wm mitgezählt).

Reihe 1: Mit der 2. Lm von der Nadel beginnen, 14 fM, 1 Lm.

Reihe 2: 1 fM zun, 14 fM, 1 Lm.

Reihe 3–5: 16 fM, 1 Lm.

Reihe 6: 12 fM, 1 Lm, vor Ende der Reihe wenden.

Reihe 7: 2 fM zus häkeln, 8 fM, 2 fM zus häkeln, 1 Lm.

Reihe 8–10: 10 fM, 1 Lm.

Reihe 11: 2 fM zus häkeln, 8 fM, 1 Lm.

Reihe 12–15: 9 fM, 1 Lm.

Reihe 16: 2 fM zus häkeln, 7 fM, zu Weiß wechseln, 1 Lm.

Reihe 17: 1 fM zun, 1 fM, zu Senfgelb wechseln, 5 fM, 1 fM zun, 1 Lm.

Reihe 18: 6 fM, zu Weiß wechseln, 3 fM, 1 fM zun, 1 Lm.

Reihe 19: 1 fM zun, 4 fM, zu Senfgelb wechseln, 6 fM, 1 Lm.

Reihe 20: 5 fM, zu Weiß wechseln, 6 fM, 1 fM zun, 1 Lm.

Reihe 21: 4 fM, zu Grau wechseln und 3 fM, zu Weiß wechseln und 1 fM, dann zu Senfgelb wechseln, 5 fM, 1 Lm.

Reihe 22: 5 fM, zu Weiß wechseln und 1 fM, zu Grau wechseln und 4 fM, dann zu Weiß wechseln, 3 fM, 1 Lm.

Reihe 23: 3 fM, zu Grau wechseln und 4 fM, zu Weiß wechseln und 1 fM, dann zu Senfgelb wechseln, 5 fM, 1 Lm.

Reihe 24: 5 fM, zu Weiß wechseln und 1 fM, zu Grau wechseln und 1 fM, 2 fM zus häkeln, 1 Lm, vor Ende der Reihe wenden.

Reihe 25: 2 fM zus häkeln, zu Weiß wechseln und 1 fM, zu Senfgelb wechseln und 3 fM, 2 fM zus häkeln, 1 Lm.

Reihe 26: 4 fM, zu Weiß wechseln und 2 fM zus häkeln. Das Garn abschneiden, einen Faden von etwa 15 cm stehenlassen und durchziehen.

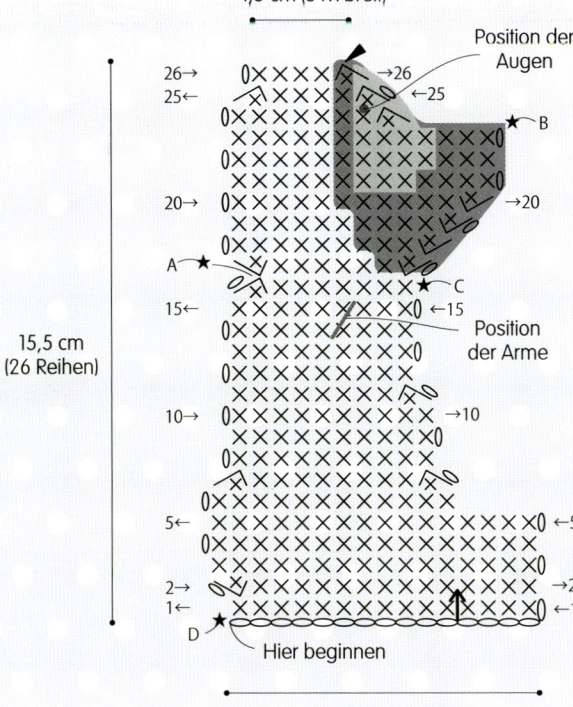

- ◁ Neues Garn einhäkeln
- ◀ Garn abschneiden
- × Senffarben
- ⊗ Weiß
- ⊗ Dunkelgrau

Das Wechseln der Farben kann in einer Häkelarbeit schwierig werden. Achten Sie darauf, alle Arbeitsfäden und Enden auf einer Seite zu haben, damit sie später im Inneren der Arbeit versteckt werden können, wenn die Stücke zusammengenäht werden!

Waschbär

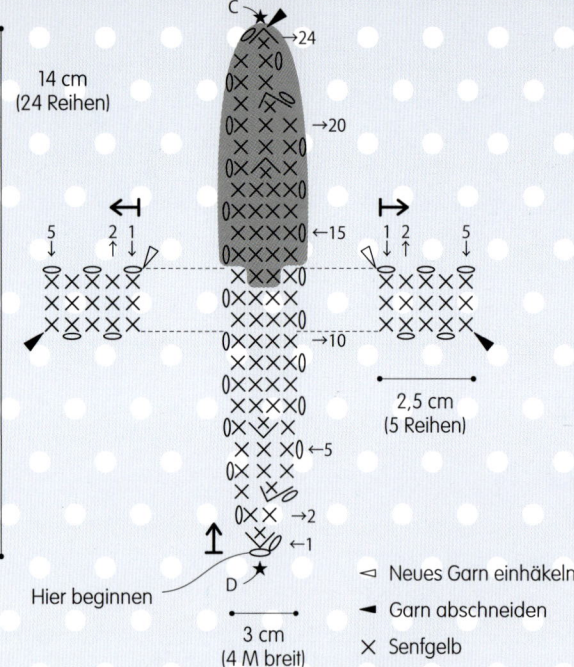

Bauch und Innenseiten der Beine

Mit dem senfgelben Garn 2 Lm anschlagen (1 Anfangs-Lm und 1 Wm).

Reihe 1: Mit der 2. Lm von der Nadel beginnen, 1 fM zun, 1 Lm.

Reihe 2: 2 fM, 1 Lm.

Reihe 3: 1 fM zun, 1 fM, 1 Lm.

Reihe 4–5: 3 fM, 1 Lm.

Reihe 6: 1 fM, 1 fM zun, 1 fM, 1 Lm.

Reihe 7–12: 4 fM, 1 Lm.

Reihe 13: 1 fM, zu Weiß wechseln, 2 fM, zu Senfgelb wechseln, 1 fM, zu Weiß wechseln und 1 Lm.

Reihe 14–17: 4 fM, 1 Lm.

Reihe 18: 1 fM, 2 fM zus häkeln, 1 fM, 1 Lm.

Reihe 19–20: 3 fM, 1 Lm.

Reihe 21: 2 fM zus häkeln, 1 fM, 1 Lm.

Reihe 22–23: 2 fM, 1 Lm.

Reihe 24: 2 fM zus häkeln. Das Garn abschneiden, einen Faden von etwa 15 cm stehenlassen und durchziehen.

Beginnen Sie nun mit den Beininnenseiten. Das senffarbene Garn an der 13. Reihe des Bauchs für das 1. Hinterbeinchen anbringen.

Reihe 1: 1 Lm, 3 fM entlang des Randes, 1 Lm.

Reihe 2–5: 3 fM, 1 Lm. Am Ende der 5. Reihe das Garn abschneiden, einen Faden von etwa 20 cm stehenlassen und durchziehen.

Diese Reihen auf der gegenüberliegenden Seite des Bauches für das 2. Hinterbeinchen wiederholen.

Nasenspitze

Mit dem dunkelgrauen Garn 2 Lm anschlagen.

Reihe 1: 1 fM zun. Das Garn abschneiden, einen Faden von etwa 20 cm stehenlassen und durchziehen.

Achten Sie darauf, einen langen Faden stehenzulassen, um das Mäulchen sticken zu können.

Vorderbeinchen (2-mal häkeln)

Mit dem senfgelben Garn rundhäkeln und mit einem Fadenring beginnen.

Runde 1: 1 Lm, 5 fM, 1 Lm. Beginnen Sie jede weitere Runde, indem Sie in die 1. M der vorigen Runde häkeln. Markieren Sie die 1. M mit einem verschließbaren Maschenmarkierer, um den Rundenanfang zu kennzeichnen.

Runde 2: (1 fM, 1 fM zun) 2-mal, 1 fM.

Runde 3–7: 8 fM.

Runde 8: (1 fM, 2 fM zus häkeln) 2-mal, 1 fM.

Runde 9: 5 fM. Das Garn abschneiden, einen Faden von etwa 20 cm stehenlassen und durchziehen.

Ohren (2-mal häkeln)

Die Ohren werden mit senfgelbem Garn rund gehäkelt (siehe genaue Anleitung auf Seite 14), beginnen Sie daher mit einem Fadenring.

Reihe 1: 1 Lm, 6 fM, 1 Lm. Die Runde NICHT mit einer Km schließen. Die Arbeit umdrehen und jetzt im Halbkreis hin- und herhäkeln, um die Form des Ohrs zu erhalten.

Reihe 2: 1 fM, 1 fM zun, 2 fM, 1 fM zun, 1 fM. Das Garn abschneiden, einen Faden von etwa 20 cm stehenlassen und durchziehen.

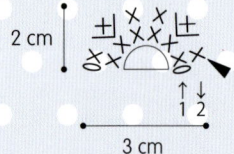

Einfach bezaubernd häkeln

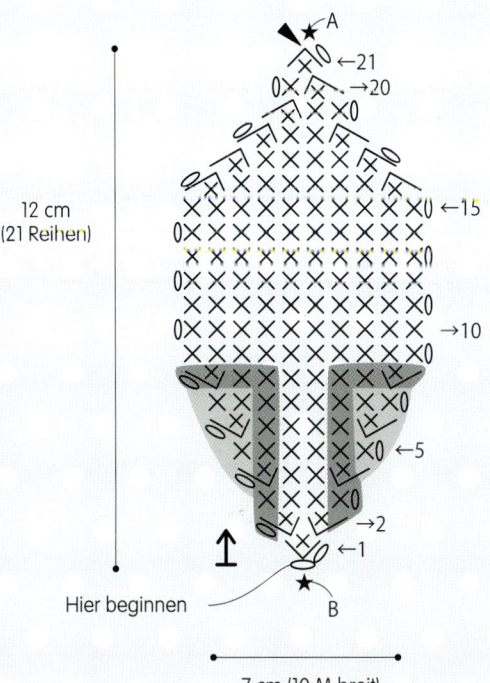

12 cm (21 Reihen)

7 cm (10 M breit)

Hier beginnen

Schwanz

Mit dem grauen Garn rundhäkeln und mit einem Fadenring beginnen.

Runde 1: 1 Lm, 6 fM, 1 Km.
Runde 2: 1 Lm, (1 fM zun) 6-mal, 1 Km.
Runde 3: 1 Lm, 12 fM, 1 Km, zu Senfgelb wechseln.
Runde 4 & 5: 1 Lm, 12 fM, 1 Km, zu Grau wechseln.
Runde 6 & 7: 1 Lm, 12 fM, 1 Km, zu Senfgelb wechseln.
Runde 8 & 9: 1 Lm, 12 fM, 1 Km, zu Grau wechseln.
Runde 10: 1 Lm, (2 fM, 2 fM zus häkeln) 3-mal, 1 Km
Runde 11: 1 Lm, 9 fM, 1 Km, zu Senfgelb wechseln.
Runde 12 & 13: 1 Lm, 9 fM, 1 Km. Das Garn abschneiden, einen Faden von etwa 20 cm stehenlassen und durchziehen.

Hinterkopf

Mit dem senfgelben Garn 2 Lm anschlagen (Wm mitgezählt)

Reihe 1: Mit der 2. Lm von der Nadel beginnen, 1 fM zun, 1 Lm.

Reihe 2: (1 fM zun) 2-mal, zu Weiß wechseln, 1 Lm.

Reihe 3: 1 fM, zu Senfgelb wechseln, 2 fM, zu Weiß wechseln, 1 fM, 1 Lm.

Reihe 4: 1 fM zun, zu Senfgelb wechseln, 2 fM, zu Weiß wechseln, 1 fM zun, zu Grau wechseln, 1 Lm.

Reihe 5: 1 fM, zu Weiß wechseln, 1 fM, zu Senfgelb wechseln, 2 fM, zu Weiß wechseln, 1 fM zun, zu Grau wechseln, 1 fM, 1 Lm.

Reihe 6: 1 fM zun, zu Weiß wechseln, 1 fM, zu Senfgelb wechseln, 2 fM, zu Weiß wechseln, 1 fM, zu Grau wechseln, 1 fM zun, 1 Lm.

Reihe 7: 2 fM, zu Weiß wechseln, 1 fM, zu Senfgelb wechseln, 2 fM, zu Weiß wechseln, 1 fM, zu Grau wechseln, 2 fM, zu Weiß wechseln, 1 Lm.

Reihe 8: 1 fM zun, 2 fM, zu Senfgelb wechseln, 2 fM, zu Weiß wechseln, 2 fM, 1 fM zun, zu Senfgelb wechseln, 1 Lm.

Reihe 9–15: 10 fM, 1 Lm.

Reihe 16: 2 fM zus häkeln, 6 fM, 2 fM zus häkeln, 1 Lm.

Reihe 17: 2 fM zus häkeln, 4 fM, 2 fM zus häkeln, 1 Lm.

Reihe 18: 2 fM zus häkeln, 2 fM, 2 fM zus häkeln, 1 Lm.

Reihe 19: 2 fM, 2 fM zus häkeln, 1 Lm.

Reihe 20: 1 fM, 2 fM zus häkeln, 1 Lm.

Reihe 21: 2 fM zus häkeln. Das Garn abschneiden, einen Faden von etwa 20 cm stehenlassen und durchziehen.

Waschbär

Einzelteile zusammennähen

Halten Sie sich an die Anleitungen auf den Seiten 16 und 32 für das Zusammenfügen der Einzelteile. Verwenden Sie das Häkeldiagramm als Anhaltspunkt für die Anordnung der einzelnen Teile.

Achten Sie darauf, dass die Farben richtig angeordnet sind, wenn Sie den Hinterkopf am Körper anbringen, und verwenden Sie passendes Nähgarn beim Zusammennähen. Füllen Sie die Vorderbeinchen mit ein wenig Füllwatte und nähen Sie sie an dem Waschbären an. Nähen Sie dann die Ohren oben an den Kopf und bringen Sie die Nasenspitze im Überwendlingsstich an. Sticken Sie zwei gerade Stiche, um das Mäulchen zu gestalten. Füllen Sie die Schwanzspitze und drücken Sie das Ende flach. Achten Sie darauf, den Schwanz mit der Naht nach unten anzunähen.

Einfach bezaubernd häkeln

Äpfel & Birnen

Material

- Apfel: Mittleres Garn (Gemisch aus Wolle und Acryl) in Rot oder Hellgrün, 15,5 m (7 g)
- Birne: Mittleres Garn (Gemisch aus Wolle und Acryl) in Grün oder Gelb, 25,5 m (12 g)
- Stiele: Mittleres Garn (Gemisch aus Wolle und Acryl) in Dunkelbraun, 2,75 m (1 g)

Handarbeitszeug

- Häkelnadel, 4,25 mm
- Stick- oder Garnnadel
- Füllwatte (kleine Menge)
- Verschließbarer Maschenmarkierer

Verwendete Maschen

Gehäkelt: Luftmasche (Lm), feste Masche (fM), feste Masche zunehmen (fM zun), feste Masche abnehmen (2 fM zus häkeln), Kettmasche (Km) und Überwendlingsstich (siehe Seite 10–13 für detaillierte Anleitungen).

Abmessungen*

Die fertige Größe beträgt 5 x 5 cm (Apfel) bzw. 5,5 x 9,5 cm (Birne).

*Beachten Sie, dass die Abmessungen nur ungefähr sind und je nach Spannung und Garnwahl variieren können.

Anmerkungen zum Muster

Das Muster wird sowohl für den Apfel als auch für die Birne rund gehäkelt.

 Einfach bezaubernd häkeln

Apfel

Mit dem roten oder hellgrünen Garn zum Rundhäkeln einen Fadenring bilden (siehe Seite 14 für detaillierte Anleitung).

Runde 1: 1 Lm, 8 fM. An jedem folgenden Rundenanfang in die 1. M der Vorrunde häkeln. Kennzeichnen Sie die 1. M mit einem verschließbaren Maschenmarkierer, um den Rundenanfang nicht zu verlieren.

Runde 2: (1 fM zun) 8-mal.

Runde 3–4: 16 fM.

Runde 5: (1 fM, 1 fM zun), 8-mal.

Runde 6–7: 24 fM.

Runde 8: (1 fM zun, 5 fM) 4-mal.

Runde 9–10: 28 fM.

Runde 11: 4 fM (1 fM zun, 6 fM) 3-mal, 4 fM.

Runde 12–14: 32 fM.

Runde 15: (2 fM zus häkeln, 3 fM) 6-mal, 2 fM zus häkeln. Vor dem Beginn der nächsten Abnahmerunde zu etwa 80 % mit Füllwatte füllen

Runde 16: (2 fM, 2 fM zus häkeln) 6-mal, 1 fM.

Runde 17: (2 fM zus häkeln) 9-mal, 1 fM, 1 Km. Das Garn abschneiden, einen Faden von etwa 20 cm stehenlassen und durchziehen.

Stiel (für beide)

Mit braunem Garn 7 Lm anschlagen.

Reihe 1: Mit der 2. M von der Nadel beginnen, 6 fM. Das Garn abschneiden, einen Faden von etwa 20 cm stehenlassen und durchziehen. Den Stiel der Länge nach in der Mitte falten und die beiden Hälften mit dem Überwendlingsstich und dem Garnende zusammennähen.

Birne

Mit dem gelben oder grünen Garn zum Rundhäkeln einen Fadenring bilden (siehe Seite 14 für detaillierte Anleitung).

Runde 1: 1 Lm, 8 fM. An jedem folgenden Rundenanfang in die 1. M der Vorrunde häkeln. Kennzeichnen Sie die 1. M mit einem verschließbaren Maschenmarkierer, um den Rundenanfang nicht zu verlieren.

Runde 2: (1 fM, 1 fM zun) 8-mal.

Runde 3: 24 tM.

Runde 4: (2 fM, 1 fM zun), 8-mal.

Runde 5–10: 32 fM.

Runde 11: (2 fM zus häkeln, 2 fM) 8-mal.

Runde 12: 24 fM.

Runde 13: (2 fM, 2 fM zus häkeln) 6-mal.

Runde 14–17: 18 fM. Vor dem Beginn der nächsten Abnahmerunde zu etwa 80 % mit Füllwatte füllen.

Runde 18: (1 fM, 2 fM zus häkeln) 6-mal.

Runde 19: (2 fM zus häkeln) 6-mal, 1 Km. Das Garn abschneiden, einen Faden von etwa 20 cm stehenlassen und durchziehen. Die Birne von oben stärker füllen, bis die gewünschte Festigkeit erreicht ist.

Fertigstellung

Bei beiden Früchten den Stiel oben in der Mitte anbringen und die Frucht zunähen.

Wenn Sie bei der Fertigstellung des Apfels angelangt sind, nähen Sie durch den Apfel hindurch nach unten und wieder zurück nach oben, um die Delle an der Unterseite zu gestalten. Garn abschneiden und vernähen.

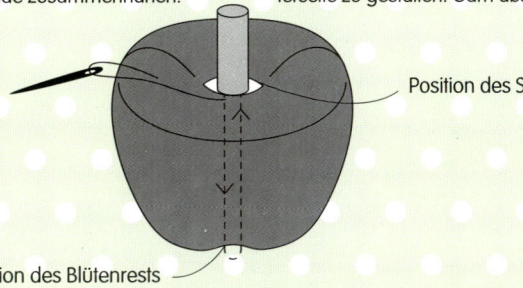

Position des Stiels

Position des Blütenrests

Äpfel & Birnen

Vogelgezwitscher

Verwendete Maschen

Gehäkelt: Luftmasche (Lm), feste Masche (fM), feste Masche zunehmen (fM zun), feste Masche abnehmen (2 fM zus häkeln), halbes Stäbchen (hStb), Stäbchen (Stb) und Kettmasche (Km). Nähen und Details: Überwendlingsstich (siehe Seite 10–13 für detaillierte Anleitungen).

Material

- Mittleres Garn (Gemisch aus Wolle und Acryl) in Weiß, 23 m (10 g)
- Mittleres Garn (Gemisch aus Wolle und Acryl) in der Farbe Ihrer Wahl für die Flügel und das Schwänzchen, 6,5 m (3 g)
- Mittleres Garn (Gemisch aus Wolle und Acryl) in Gelb, 4,5 m (2 g)

Handarbeitszeug

- Häkelnadel, 4,25 mm
- Stick- oder Garnnadel
- Füllwatte (kleine Menge)
- Verschließbarer Maschenmarkierer
- 2 schwarze Knöpfe oder Sicherheitsaugen

Abmessungen*

Die fertige Größe beträgt 10 x 7 cm.

*Beachten Sie, dass die Abmessungen nur ungefähr sind und je nach Spannung und Garnwahl variieren können.

Anmerkungen zum Muster

Das Muster von Körper und Kopf wird rund gehäkelt, am Ende werden 6 flach gehäkelte kleinere Teile angenäht.

Körper

Mit dem weißen Garn zum Rundhäkeln einen Fadenring bilden (siehe Seite 14 für detaillierte Anleitung).

Runde 1: 1 Lm, 6 fM. An jedem folgenden Rundenanfang in die 1. M der Vorrunde häkeln. Kennzeichnen Sie die 1. M mit einem verschließbaren Maschenmarkierer, um den Rundenanfang nicht zu verlieren.

Runde 2: (1 fM zun) 6-mal.

Runde 3: (3 fM, 1 fM zun) 3-mal.

Runde 4–8: 15 fM.

Runde 9: 5 fM, 2 fM zus häkeln, 1 fM, 2 fM zus häkeln, 5 fM.

Runde 10: 3 fM, 2 fM zus häkeln, 2 fM, 2 fM zus häkeln, 4 fM. Vor dem Häkeln der letzten 2 Runden mit Füllwatte füllen, bis die gewünschte Festigkeit erreicht ist.

Runde 11: 4 fM, 2 fM zus häkeln, 5 fM.

Runde 12: (2 fM zus häkeln) 5-mal, 1 Km. Das Garn abschneiden, einen Faden von etwa 20 cm stehenlassen und durchziehen.

Kopf

Mit dem weißen Garn zum Rundhäkeln einen Fadenring bilden.

Runde 1: 1 Lm, 6 fM. An jedem folgenden Rundenanfang in die 1. M der Vorrunde häkeln. Kennzeichnen Sie die 1. M mit einem verschließbaren Maschenmarkierer, um den Rundenanfang nicht zu verlieren.

Runde 2: (1 fM zun) 6-mal.

Runde 3: (1 fM zun, 1 fM) 6-mal.

Runde 4–7: 18 fM.

Runde 8: (1 fM, 2 fM zus häkeln) 6-mal. Vor dem Häkeln der letzten Runde die Augen anbringen (siehe Diagramm für Position) und den Kopf mit Füllwatte füllen, bis er so fest ist, wie gewünscht.

Runde 9: (2 fM zus häkeln) 6-mal, 1 Km. Das Garn abschneiden, einen Faden von etwa 20 cm stehenlassen und durchziehen.

Füße (2-mal häkeln)

Mit dem gelben Garn 3 Lm anschlagen.

Reihe 1: Mit der 2. M von der Nadel beginnen, 2 fM. Das Garn abschneiden, einen Faden von etwa 15 cm stehenlassen und durchziehen.

Schnabel

Mit dem gelben Garn 5 Lm anschlagen.

Reihe 1: Mit der 2. M von der Nadel beginnen, 4 fM. Das Garn abschneiden, einen Faden von etwa 15 cm stehenlassen und durchziehen.

Schwanz

Mit der Farbe Ihrer Wahl 11 Lm anschlagen.

Hier beginnen

Reihe 1: Mit der 5. Lm von der Nadel beginnen, 2 Stb, 3 hStb, 2 fM. Das Garn abschneiden, einen Faden von etwa 15 cm stehenlassen und durchziehen.

Flügel (2-mal häkeln)

Mit der Farbe Ihrer Wahl 8 Lm anschlagen.

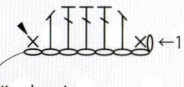

Hier beginnen

Reihe 1: Mit der 2. M von der Nadel beginnen, 1 fM, 1 hStb, 3 Stb, 1 hStb, 1 fM. Das Garn abschneiden, einen Faden von etwa 15 cm stehenlassen und durchziehen.

Einzelteile zusammennähen

Mit dem Überwendlingsstich den Kopf am Körper anbringen (Fotos und Diagramme als Hilfe verwenden). Bringen Sie das Ende des Schwanzes am Hinterteil des Körpers an und schließen Sie die Naht. Befestigen Sie die Flügel mit dem Überwendlingsstich an den Seiten des Körpers, indem Sie die vordere Hälfte des oberen und unteren Randes des Flügels annähen. Falten Sie den Schnabel in der Mitte, bringen Sie ihn vorne am Gesicht an und nähen Sie die beiden Füße unten am Körper fest.

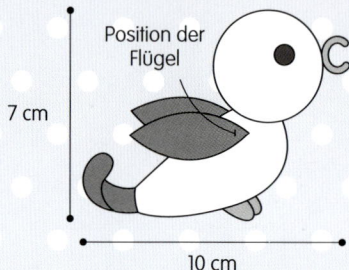

Position der Flügel

7 cm

10 cm

Häkeln Sie Kopf und Körper in verschiedenen Farben, um jeden Vogel einzigartig zu machen. Sie können auch die Flügel in unterschiedlichen Winkeln annähen, um jedem Vogel seinen eigenen Charakter zu schenken!

Vogelgezwitscher

Familie Quack

Material

Mutter Quack

- Mittleres Garn (Gemisch aus Wolle und Acryl) in Weiß, 73 m (50 g)
- Mittleres Garn (Gemisch aus Wolle und Acryl) in Orange, 11 m (5 g)
- Mittleres Garn (Gemisch aus Wolle und Acryl) in Gelb, 9,25 m (4 g)

Baby Quack (pro Entlein)

- Mittleres Garn (Gemisch aus Wolle und Acryl) in Weiß, 50,25 m (23 g)
- Mittleres Garn (Gemisch aus Wolle und Acryl) in Gelb, 14,5 m (7 g)

Handarbeitszeug

- Häkelnadel, 4,25 mm
- Stick- oder Garnnadel
- Nähnadel und Baumwollgarn (falls Sie Knöpfe als Augen verwenden)
- Füllwatte (30 g für Mutter Quack, je 15 g pro Entlein)
- pro Ente je 2 schwarze Knöpfe oder Sicherheitsaugen (9 mm)
- Verschließbarer Maschenmarkierer

Abmessungen*

Mutter Quack: 19 x 16 x 9 cm.

Baby Quack: 11 x 9 x 5 cm.

*Beachten Sie, dass die Abmessungen nur ungefähr sind und je nach Spannung und Garnwahl variieren können.

Verwendete Maschen

Gehäkelt: Luftmasche (Lm), Wendeluftmasche (Wm), feste Masche (fM), feste Masche zunehmen (fM zun), feste Masche abnehmen (2 fM zus häkeln) und Kettmasche (Km). Nähen und Details: Überwendlingsstich und Sticken (siehe Seite 10–13 für detaillierte Anleitungen).

Spezielle Maschen in diesem Muster: Dreifache Zunahme (3 M zun): 3 fM in dieselbe M häkeln.

*Anmerkung: Am Ende jeder Reihe befindet sich 1 Lm. Diese wird als Wendeluftmasche (Wm) benötigt, um die nächste Reihe zu beginnen. Das Diagramm zeigt dies am Beginn jeder Reihe.

Anmerkungen zum Muster

Das Muster wird flach in Hin- und Rückreihen in festen Maschen gehäkelt, wobei 2 Haupt-Körperteile und 6 kleinere Teile entstehen. Nach dem Häkeln werden die Einzelteile mit Garn und einer Sticknadel im Überwendlingsstich zusammengenäht.

Einfach bezaubernd häkeln

Mutter Quack

Kopf und Körper (2-mal häkeln)

Mit dem weißen Garn 11 Lm anschlagen (Wm mitgezählt).

Reihe 1: Mit der 2. M von der Nadel beginnen, 10 fM, 1 Lm.
Reihe 2: 1 fM zun, 8 fM, 1 fM zun, 1 Lm.
Reihe 3: 1 fM zun, 10 fM, 1 fM zun, 1 Lm.
Reihe 4: 1 fM zun, 12 fM, 1 fM zun, 1 Lm.
Reihe 5: 1 fM zun, 14 fM, 1 fM zun, 1 Lm.
Reihe 6: 1 fM zun, 16 fM, 1 fM zun, 1 Lm.
Reihe 7: 1 fM zun, 19 fM, 1 Lm.
Reihe 8: 20 fM, 1 fM zun, 1 Lm.
Reihe 9–10: 22 fM, 1 Lm.
Reihe 11: 3 fM, 2 fM zus häkeln, 1 Lm. Arbeit wenden, ohne weiter zurück zu häkeln.
Reihe 12: 2 fM zus häkeln, 2 fM, 1 Lm.
Reihe 13: 1 fM, 2 fM zus häkeln, 1 Lm.
Reihe 14: 2 fM zus häkeln. Das Garn abschneiden, einen Faden von etwa 15 cm stehenlassen und durchziehen. Das Garn am Ende von Reihe 11 einhäkeln, 1 Lm.
Reihe 11 (Fortsetzung): 2 fM zus häkeln, 13 fM, 2 fM zus häkeln, 1 Lm.
Reihe 12: 12 fM, 2 fM zus häkeln, 1 Lm.
Reihe 13: 2 fM zus häkeln, 10 fM, 1 Lm.
Reihe 14: 8 fM, 2 fM zus häkeln, 1 Lm.
Reihe 15: 2 fM zus häkeln, 7 fM, 1 Lm.

Mit dem Hals weitermachen:

Reihe 1: 2 fM zus häkeln, 6 fM, 1 Lm.
Reihe 2–8: 7 fM, 1 Lm. Am Ende der 8. Reihe 3 Lm anschlagen, um den Kopf zu beginnen.

Mit dem Kopf weitermachen:

Reihe 1: Mit der 2. M von der Nadel beginnen, 9 fM, 1 Lm.
Reihe 2: 1 fM zun, 7 fM, 1 fM zun, 1 Lm.
Reihe 3: 11 fM, 1 Lm.
Reihe 4: 1 fM zun, 10 fM, 1 Lm.
Reihe 5: 1 fM zun, 11 fM, 1 Lm.
Reihe 6–7: 13 fM, 1 Lm.
Reihe 8: 11 fM, 2 fM zus häkeln, 1 Lm.
Reihe 9: 10 fM, 2 fM zus häkeln, 1 Lm.
Reihe 10: 2 fM zus häkeln, 7 fM, 2 fM zus häkeln, 1 Lm.
Reihe 11: 3 fM, 2 fM zus häkeln, 2 fM, 2 fM zus häkeln, 1 Lm.
Reihe 12: 2 fM zus häkeln, 3 fM, 2 fM zus häkeln. Das Garn abschneiden, einen Faden von etwa 15 cm stehenlassen und durchziehen.

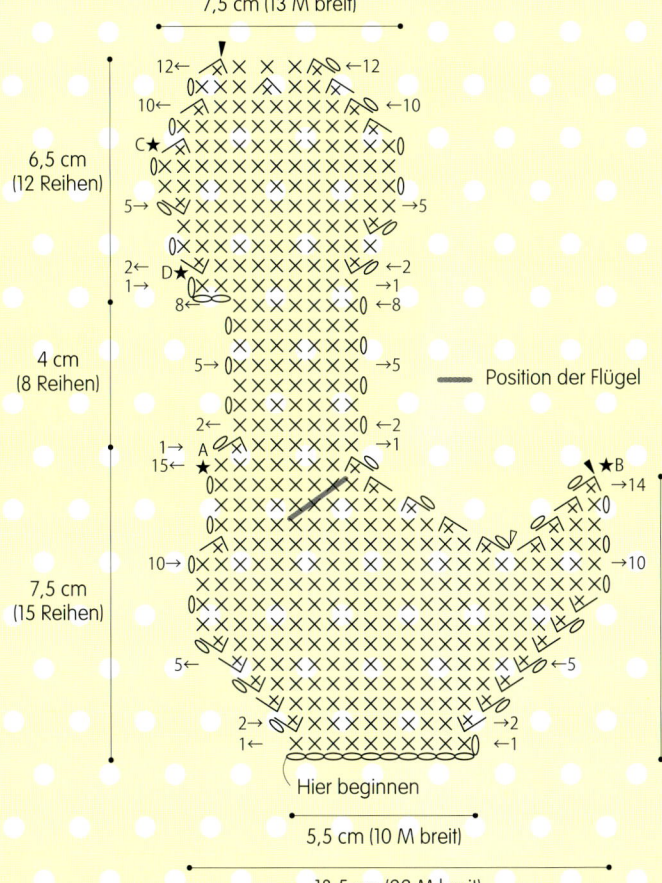

Familie Quack

Bauch

Mit dem weißen Garn 2 Lm anschlagen (1 Anfangs-Lm und 1 Wm).

Reihe 1: Mit der 2. M von der Nadel beginnen, 1 fM, 1 Lm.

Reihe 2: 1 fM zun, 1 Lm.

Reihe 3 & 4: 2 fM, 1 Lm.

Reihe 5: 1 fM, 1 fM zun, 1 Lm.

Reihe 6 & 7: 3 fM, 1 Lm.

Reihe 8: 2 fM, 1 fM zun, 1 Lm.

Reihe 9: 4 fM, 1 Lm.

Reihe 10: 1 fM zun, 3 fM, 1 Lm.

Reihe 11: 5 fM, 1 Lm.

Reihe 12: 4 fM, 1 fM zun, 1 Lm.

Reihe 13: 5 fM, 1 Lm.

Reihe 14: 7 fM, 1 Lm.

Reihe 15: 1 fM zun, 6 fM, 1 Lm.

Reihe 16: 1 fM zun, 7 fM, 1 Lm.

Reihe 17: 9 fM, 1 Lm.

Reihe 18: 8 fM, 1 fM zun, 1 Lm.

Reihe 19: 9 fM, 1 fM zun, 1 Lm.

Reihe 20: 11 fM, 1 Lm.

Reihe 21: 1 fM zun, 10 fM, 1 Lm.

Reihe 22: 1 fM zun, 11 fM, 1 Lm.

Reihe 23–27: 13 fM, 1 Lm.

Reihe 28: 2 fM zus häkeln, 9 fM, 2 fM zus häkeln, 1 Lm.

Reihe 29: 11 fM, 1 Lm.

Reihe 30: 2 fM zus häkeln, 7 fM, 2 fM zus häkeln, 1 Lm.

Reihe 31: 9 fM, 1 Lm.

Reihe 32: 2 fM zus häkeln, 5 fM, 2 fM zus häkeln, 1 Lm.

Reihe 33: 3 fM, 2 fM zus häkeln, 2 fM, 1 Lm.

Reihe 34: 2 fM zus häkeln, 2 fM, 2 fM zus häkeln, 1 Lm.

Reihe 35–37: 4 fM, 1 Lm.

Reihe 38: (2 fM zus häkeln) 2-mal, 1 Lm.

Reihe 39: 2 fM zus häkeln, 1 Lm.

Reihe 40: 1 fM. Das Garn abschneiden, einen Faden von etwa 15 cm stehenlassen und durchziehen.

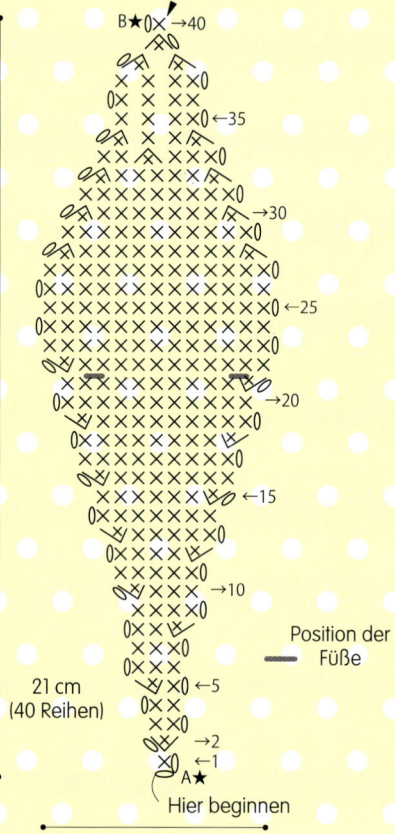

21 cm (40 Reihen)

8 cm (13 M breit)

Position der Füße

Hier beginnen

Füße (4-mal häkeln)

Mit dem orangen Garn 2 Lm anschlagen (Wm mitgezählt).

Reihe 1: Mit der 2. M von der Nadel beginnen, 1 fM zun, 1 Lm.

Reihe 2: (1 fM zun) 2-mal, 1 Lm.

Reihe 3: 4 fM, 1 Lm.

Reihe 4: 1 fM zun, 2 fM, 1 fM zun, 1 Lm.

Reihe 5: 6 fM, 1 Lm.

Reihe 6: 1 fM zun, 4 fM, 1 fM zun. Das Garn abschneiden, einen Faden von etwa 15 cm stehenlassen und durchziehen.

Reihe 7: Das Garn in der 3. M wieder einhäkeln, 1 Km, 2 fM, 1 Km, 1 Lm.

Reihe 8: 2 fM zus häkeln. Das Garn abschneiden, einen Faden von etwa 20 cm stehenlassen und durchziehen.

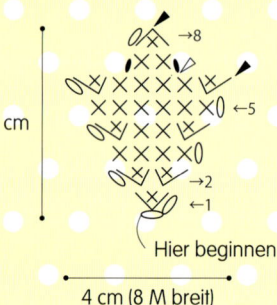

5 cm

4 cm (8 M breit)

Hier beginnen

Einfach bezaubernd häkeln

Flügel (2-mal häkeln)

Mit dem weißen Garn 2 Lm anschlagen (1 Anfangs-Lm und 1 Wm).

Reihe 1: Mit der 2. M von der Nadel beginnen, 3 fM zun, 1 Lm.

Reihe 2: 1 fM zun, 1 fM, 1 fM zun, 1 Lm.

Reihe 3: 5 fM, 1 Lm.

Reihe 4: 4 fM, 1 fM zun, 1 Lm.

Reihe 5: 6 fM, 1 Lm.

Reihe 6: 5 fM, 1 fM zun, 1 Lm.

Reihe 7–9: 7 fM, 1 Lm.

Reihe 10: 2 fM zus häkeln, 5 fM, 1 Lm.

Reihe 11: 2 fM zus häkeln, 4 fM, 1 Lm.

Reihe 12: 5 fM, 1 Lm.

Reihe 13: 2 fM zus häkeln, 3 fM, 1 Lm.

Reihe 14: 2 fM, 2 fM zus häkeln, 1 Lm.

Reihe 15: 2 fM zus häkeln, 1 fM, 1 Lm.

Reihe 16: 2 fM zus häkeln. Das Garn abschneiden, einen Faden von etwa 15 cm stehenlassen und durchziehen.

9 cm (16 Reihen)

Hier beginnen

4,5 cm (7 M breit)

Schnabeloberseite

Mit dem gelben Garn zum Rundhäkeln einen Fadenring bilden (siehe Seite 14 für weitere Anleitungen).

Runde 1: 1 Lm, 6 fM, 1 Km, 1 Lm. Die 1. M und damit den Rundenanfang mit einem verschließbaren Maschenmarkierer kennzeichnen.

Runde 2: (1 fM zun) 6-mal, 1 Km, 1 Lm.

Runde 3: 12 fM, 1 Km, 1 Lm.

Runde 4: (3 fM, 2 fM zus häkeln) 2-mal, 3 fM, 1 Km, 1 Lm.

Runde 5: 10 fM, 1 Km, 1 Lm.

Runde 6: 3 fM, (2 fM zus häkeln) 2-mal, 3 fM, 1 Km, 1 Lm.

Runde 7: 8 fM. Das Garn abschneiden, einen Faden von etwa 20 cm stehenlassen und durchziehen.

Schnabelunterseite

Mit dem gelben Garn 3 Lm anschlagen.

Reihe 1: Mit der 2. M von der Nadel beginnen, 2 fM, 3 fM zun. Entlang der unteren Seite der Lm-Kette weiterarbeiten. 2 fM, 3 fM zun, 1 Km, 1 Lm.

Reihe 2: 3 fM, 3 fM zun, 3 fM, 1 Km. Das Garn abschneiden, einen Faden von etwa 20 cm stehenlassen und durchziehen.

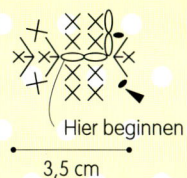

2,5 cm

Hier beginnen

3,5 cm

Familie Quack

Baby Quack

Kopf und Körper (2-mal häkeln)

Mit dem gelben Garn 6 Lm anschlagen (Wm mitgezählt).

Reihe 1: Mit der 2. M von der Nadel, 5 fM, 1 Lm.

Reihe 2: 1 fM zun, 3 fM, 1 fM zun, 1 Lm.

Reihe 3: 1 fM zun, 5 fM, 1 fM zun, 1 Lm.

Reihe 4: 1 fM zun, 7 fM, 1 fM zun, 1 Lm.

Reihe 5: 1 fM zun, 10 fM, 1 Lm.

Reihe 6: 12 fM, 1 Lm

Reihe 7: 10 fM, 2 fM zus häkeln, 1 Lm.

Reihe 8: 11 fM, 1 Lm.

Reihe 9: 2 fM, 2 fM zus häkeln, 1 Lm. Arbeit wenden, ohne weiter zurück zu häkeln.

Reihe 10: 2 fM zus häkeln, 1 fM, 1 Lm.

Reihe 11: 2 fM zus häkeln. Das Garn abschneiden, einen Faden von etwa 15 cm stehenlassen und durchziehen. Das Garn am Ende von Reihe 9 einhäkeln, 1 Lm.

Reihe 9 (Fortsetzung): 2 fM zus häkeln, 3 fM, 2 fM zus häkeln, 2 Lm.

Mit dem Kopf weitermachen:

Reihe 1: Mit der 2. M von der Nadel beginnen, 4 fM, 1 fM zun, 1 Lm.

Reihe 2: 1 fM zun, 4 fM, 1 fM zun, 1 Lm.

Reihe 3: 7 fM, 1 fM zun, 1 Lm.

Reihe 4: 9 fM, 1 Lm.

Reihe 5: 1 fM zun, 8 fM, 1 Lm.

Reihe 6–7: 10 fM, 1 Lm.

Reihe 8: 8 fM, 2 fM zus häkeln, 1 Lm.

Reihe 9: 9 fM, 1 Lm.

Reihe 10: 2 fM zus häkeln, 1 fM, 2 fM zus häkeln, 4 fM, 1 Lm.

Reihe 11: 7 fM, 1 Lm.

Reihe 12: 2 fM zus häkeln, 3 fM, 2 fM zus häkeln. Das Garn abschneiden, einen Faden von etwa 15 cm stehenlassen und durchziehen.

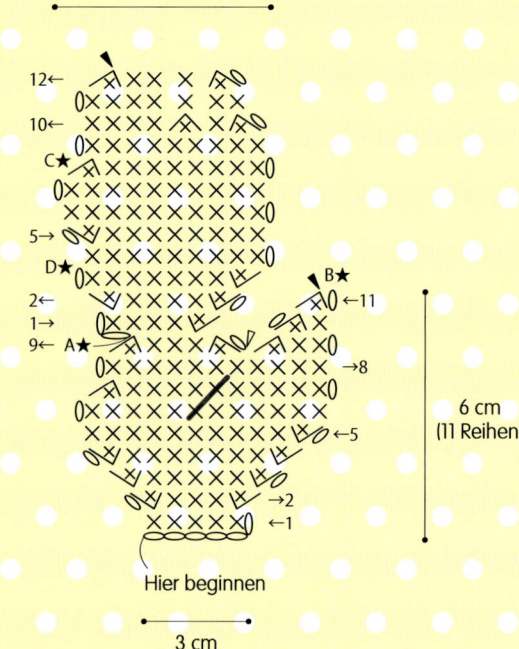

Einfach bezaubernd häkeln

Flügel (2-mal häkeln)

2 Lm anschlagen (1 Anfangs-Lm und 1 Wm).

Reihe 1: Mit der 2. M von der Nadel beginnen, 3 fM zun, 1 Lm.
Reihe 2: 1 fM zun, 1 fM, 1 fM zun, 1 Lm.
Reihe 3–4: 5 fM, 1 Lm.
Reihe 5: 3 fM, 2 fM zus häkeln, 1 Lm.
Reihe 6: 2 fM zus häkeln, 2 fM, 1 Lm.
Reihe 7: 1 fM, 2 fM zus häkeln, 1 Lm.
Reihe 8: 2 fM zus häkeln. Das Garn abschneiden, einen Faden von etwa 15 cm stehenlassen und durchziehen.

5 cm (8 Reihen)

Hier beginnen

3 cm (5 M breit)

Bauch

2 Lm anschlagen (1 Anfangs-Lm und 1 Wm).

Reihe 1: Mit der 2. M von der Nadel beginnen, 1 fM, 1 Lm.
Reihe 2: 1 fM zun, 1 Lm.
Reihe 3–4: 2 fM, 1 Lm.
Reihe 5: 1 fM, 1 fM zun, 1 Lm.
Reihe 6–7: 3 fM, 1 Lm.
Reihe 8: 2 fM, 1 fM zun, 1 Lm.
Reihe 9: 4 fM, 1 Lm.
Reihe 10: 1 fM zun, 3 fM, 1 Lm.
Reihe 11: 1 fM zun, 4 fM, 1 Lm.
Reihe 12: 6 fM, 1 Lm.
Reihe 13: 5 fM, 1 fM zun, 1 Lm.
Reihe 14: 6 fM, 1 fM zun, 1 Lm.
Reihe 15–16: 8 fM, 1 Lm.
Reihe 17: 2 fM zus häkeln, 4 fM, 2 fM zus häkeln, 1 Lm.
Reihe 18: 6 fM, 1 Lm.
Reihe 19: 2 fM zus häkeln, 2 fM, 2 fM zus häkeln, 1 Lm.
Reihe 20: 4 fM, 1 Lm.
Reihe 21: (2 fM zus häkeln) 2-mal, 1 Lm.
Reihe 22–24: 2 fM, 1 Lm.
Reihe 25: 2 fM zus häkeln, 1 Lm.
Reihe 26: 1 fM. Das Garn abschneiden, einen Faden von etwa 15 cm stehenlassen und durchziehen.

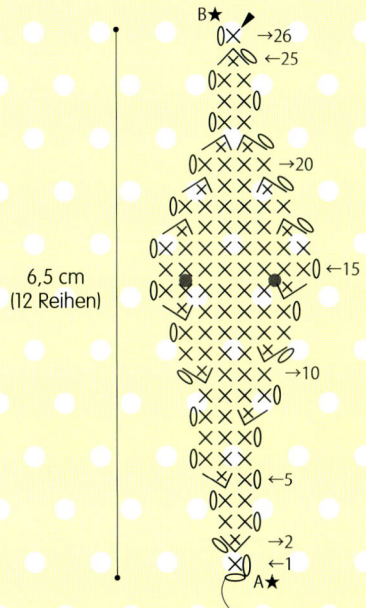

6,5 cm (12 Reihen)

Hier beginnen

● Position der Füße

Familie Quack

Einfach bezaubernd häkeln

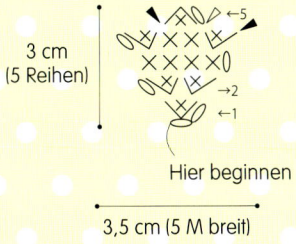

3 cm (5 Reihen)
3,5 cm (5 M breit)
Hier beginnen

Füße (4-mal häkeln)

Mit dem orangen Garn 2 Lm anschlagen (Wm mitgezählt).

Reihe 1: Mit der 2. M von der Nadel beginnen, 1 fM zun, 1 Lm.

Reihe 2: (1 fM zun) 2-mal, 1 Lm.

Reihe 3: 4 fM, 1 Lm.

Reihe 4: 1 fM zun, 2 fM, 1 fM zun, 1 Lm. Das Garn abschneiden, einen Faden von etwa 15 cm stehenlassen und durchziehen.

Reihe 5: Das Garn in der 3. M wieder einhäkeln, 1 Lm, 2 fM zus häkeln Das Garn abschneiden, einen Faden von etwa 20 cm stehenlassen und durchziehen.

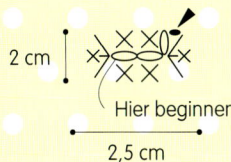

2 cm
2,5 cm
Hier beginnen

Schnabeloberseite

Mit dem orangen Garn zum Rundhäkeln einen Fadenring bilden.

Runde 1: 1 Lm, 5 fM, 1 Km, 1 Lm. Die 1. M und damit den Rundenanfang mit einem verschließbaren Maschenmarkierer kennzeichnen.

Runde 2: (1 fM zun) 5-mal, 1 Km, 1 Lm.

Runde 3: 10 fM, 1 Km, 1 Lm.

Runde 4: 3 fM, (2 fM zus häkeln) 2-mal, 3 fM, 1 Km, 1 Lm.

Runde 5: 8 fM. Das Garn abschneiden, einen Faden von etwa 20 cm stehenlassen und durchziehen.

Schnabelunterseite

Mit dem orangen Garn 3 Lm anschlagen.

Reihe 1: Mit der 2. M von der Nadel beginnen, 2 fM, 3 fM zun. Entlang der unteren Seite der Lm-Kette weiterarbeiten. 2 fM, 3 fM zun, 1 Km. Das Garn abschneiden, einen Faden von etwa 20 cm stehenlassen und durchziehen.

Familie Quack

Die Einzelteile zusammennähen

Beginnen Sie damit, die einzelnen mit Sternchen markierten Punkte an der Seite und am Bauch der Ente passend aufeinanderzulegen. Nähen Sie diese dann im Überwendlingsstich von A nach B zusammen. Legen Sie die andere Seite der Ente passend auf den Bauch und nähen Sie auch diesen von A nach B an.

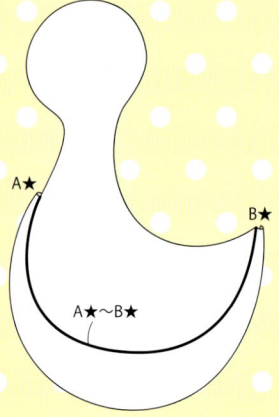

Nähen Sie den Hals von A nach D an, aber lassen Sie die Strecke von D nach C offen. Nähen Sie den Rücken der Ente von B nach C zu. Füllen Sie den Körper dabei mit Füllwatte und stopfen Sie den Hals von Mutter Quack fester aus, um ihren Kopf zu stützen. Achten Sie darauf, die Sicherheitsaugen vor dem Annähen des Schnabels anzubringen (richten Sie sich für die Position der Augen nach den Fotos) und stopfen Sie dann auch den Kopf aus.

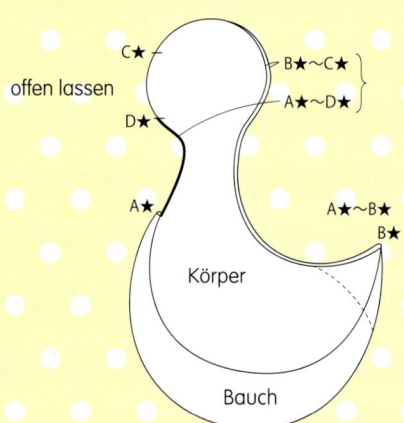

Füllen Sie die Oberseite des Schnabels mit ein wenig Füllwatte, drücken Sie ihn flach und nähen Sie ihn zu. Bringen Sie dann die Schnabeloberseite mit der Nahtseite nach unten an die Schnabelunterseite. Stecken Sie den Schnabel in die Öffnung zwischen C und D und nähen Sie ihn mit dem Überwendlingsstich an.

Gestalten Sie nun die Füße: Nähen Sie die Oberseiten mit dem Überwendlingsstich an die Unterseiten und füllen Sie sie nur leicht mit Füllwatte, bevor Sie die Naht vollständig schließen. Nähen Sie die Füße nun an die Unterseite der Ente und benutzen Sie das Diagramm, um die Position der Füße zu bestimmen.

Wenn Sie möchten, können Sie auch den Klee auf Seite 130 als Accessoire für Ihre Familie Quack häkeln.

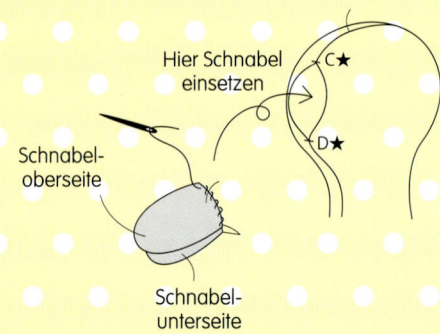

Schmetterlinge

Material
- Mittleres Garn (Gemisch aus Acryl und Wolle) in Gelb oder Blau, 5,5 m (2 g)
- Mittleres Garn (Gemisch aus Acryl und Wolle) in Weiß, 2,75 m (1 g)

Handarbeitszeug
- Häkelnadel, 2,5 mm
- Stick- oder Garnnadel

Verwendete Maschen

Gehäkelt: Luftmasche (Lm), Stäbchen (Stb), Büschelmasche aus Stäbchen (Bm Stb), halbes Stäbchen (hStb), feste Masche (fM), Kettmasche (Km), (siehe Seite 10–13 für detaillierte Anleitungen).

Spezielle Maschen in diesem Muster: Um die Lm herumhäkeln, anstatt in beide Schlingen der Lm zu häkeln, unter die Anfangs-Lm stechen, in das Loch zwischen den M stechen und das Garn erfassen, um die M zu häkeln.

Abmessungen*
Die fertige Größe beträgt 6 x 5 cm.

*Beachten Sie, dass die Abmessungen nur ungefähr sind und je nach Spannung und Garnwahl variieren können.

Körper

Mit dem weißen Garn zum Rundhäkeln einen Fadenring bilden (siehe Seite 14 für weitere Anleitungen).

Runde 1: 10 Lm, 1 Bm Stb in die 4. Lm, 3 Lm, 1 Km in den Fadenring. 4 Lm, in die 2. Lm von der Nadel häkeln, 3 fM, 1 Km in den Fadenring. 10 Lm, 1 Bm Stb in die 4. Lm, 3 Lm, 1 Km in den Fadenring. Das Garn abschneiden, einen Faden von etwa 15 cm stehenlassen und durchziehen.

Das gelbe oder blaue Garn mit 1 Lm in den Fadenring einhäkeln (siehe Diagramm für Position). 6 weitere Lm, dann 1 Km in den Fadenring. 1 Lm in den Fadenring, dann weitere 6 Lm. 1 Km in den Fadenring. Das Garnende des Fadenrings festziehen, um den Ring zu schließen.

Runde 2: Entlang der Lm-Kette häkeln und die 2. Runde mit dem großen, rechten Flügel beginnen. 3 fM, 1 hStb, 12 Stb, 1 hStb, 3 fM. Das Garn entlang des Fühlers führen und dasselbe für den linken, großen Flügel wiederholen.

Häkeln Sie den ersten kleinen Flügel: 3 fM, 1 hStb, 5 Stb, 1 hStb, 3 fM. Diese Maschen für den zweiten kleinen Flügel wiederholen. Das Garn abschneiden, einen Faden von etwa 15 cm stehenlassen und durchziehen. Alle Garnenden vernähen, um die Arbeit fertigzustellen.

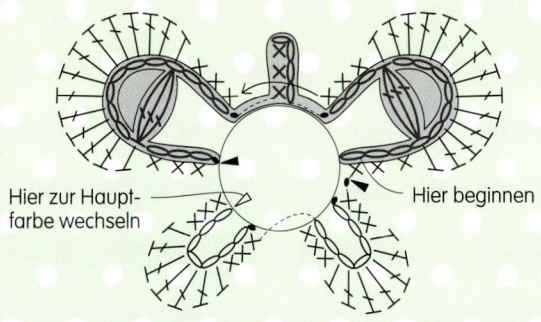

Hier zur Hauptfarbe wechseln

Hier beginnen

Mäuse

Material
- Mittleres Garn (Gemisch aus Wolle und Acryl) in Weiß oder Grau, 23 m (10 g)

Handarbeitszeug
- Häkelnadel, 4,25 mm
- Stick- oder Garnnadel
- Füllwatte (kleine Menge)
- Verschließbarer Maschenmarkierer
- 2 schwarze Knöpfe oder Sicherheitsaugen

Anmerkungen zum Muster
Das Muster des Körpers wird rund gehäkelt, am Ende werden 3 flach gehäkelte kleinere Teile angenäht.

Verwendete Maschen
Gehäkelt: Luftmasche (Lm), feste Masche (fM), feste Masche zunehmen (fM zun), feste Masche abnehmen (2 fM zus häkeln und Kettmasche (Km). Nähen und Details: Überwendlingsstich (siehe Seite 10–13 für detaillierte Anleitungen).

Abmessungen*
Die fertige Größe beträgt 4 x 7,5 cm.

*Beachten Sie, dass die Abmessungen nur ungefähr sind und je nach Spannung und Garnwahl variieren können.

Körper

Einen Fadenring zum Rundhäkeln bilden (siehe Anleitungen Seite 14).

Runde 1: 1 Lm, 4 fM, 1 Km. Kennzeichnen Sie die 1. M und damit den Rundenanfang mit einem verschließbaren Maschenmarkierer.

Runde 2: 1 Lm, (1 fM, 1 fM zun) 2-mal, 1 Km.

Runde 3: 1 Lm, (1 fM zun, 1 fM) 3-mal, 1 Km.

Runde 4: 1 Lm, 9 fM, 1 Km.

Runde 5: 1 Lm, (2 fM, 1 fM zun) 3-mal, 1 Km.

Runde 6: 1 Lm, 12 fM, 1 Km.

Runde 7: 1 Lm, (3 fM, 1 fM zun) 3-mal, 1 Km.

Runde 8: 1 Lm, 15 fM, 1 Km.

Runde 9: 1 Lm, (4 fM, 1 fM zun) 3-mal, 1 Km.

Runde 10–11: 1 Lm, 18 fM, 1 Km.

Runde 12: 1 Lm, (2 fM, 2 fM zus häkeln) 4-mal, 2 fM, 1 Km.

Vor der Fertigstellung der letzten 2 Runden die Sicherheitsaugen an der gewünschten Stelle anbringen (siehe Abbildungen für Position). Füllen Sie den Körper mit Füllwatte, bis er die gewünschte Festigkeit erreicht hat.

Runde 13: 1 Lm, (1 fM, 2 fM zus häkeln) 4-mal, 2 fM zus häkeln, 1 Km.

Runde 14: 1 Lm, (2 fM zus häkeln) 4-mal, 1 fM, 1 Km. Das Garn abschneiden, einen Faden von etwa 20 cm stehenlassen und durchziehen.

Ohren (2-mal häkeln)

Einen Fadenring zum Rundhäkeln bilden (siehe Anleitungen Seite 14).

Runde 1: 1 Lm, 7 fM. Das Garn abschneiden, einen Faden von etwa 20 cm stehenlassen und durchziehen. Für das 2. Ohr wiederholen.

Schwänzchen

Eine Luftmaschenkette aus 18 Lm häkeln. Das Garn abschneiden und mindestens einen Faden von etwa 30 cm stehenlassen. Um dem Schwänzchen die Drehung zu verleihen, mit dem Überwendlingsstich um die Luftmaschenkette herum nähen.

Fertigstellung

Bringen Sie die Ohren mit dem Überwendlingsstich über den Augen an. Stecken Sie das Ende des Schwänzchens in die Öffnung des Körpers und nähen Sie sie zu.

> Sie haben einen pelzigen Freund? Geben Sie zur Füllwatte einfach ein wenig Katzenminze, um für Ihre Katze ein großartiges Spielzeug zu machen!

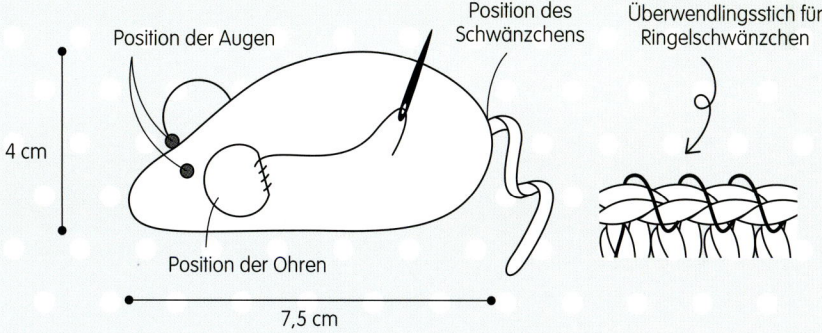

Hübsche Blumensträußchen & Pflanzen

Blumenkörbchen

Material
- Dickes Garn (Gemisch aus Wolle und Acryl) in Grau, 23 m (15 g)

Handarbeitszeug
- Häkelnadel, 4,25 mm
- Stick- oder Garnnadel
- Verschließbarer Maschenmarkierer

Abmessungen*
Die fertige Größe beträgt 10 x 5 cm.

* Beachten Sie, dass die Abmessungen nur ungefähr sind und je nach Spannung und Garnwahl variieren können.

Anmerkungen zum Muster
Das Muster des Körbchens wird rund, der Griff in Hin- und Rückreihen gehäkelt. Am Ende werden die Teile mit Sticknadel und Faden im Überwendlingsstich zusammengenäht.

Verwendete Maschen
Gehäkelt: Luftmasche (Lm), Büschelmasche aus Stäbchen (Bm Stb), feste Masche (fM), feste Masche zunehmen (fM zun) und Kettmasche (Km). Nähen und Details: Überwendlingsstich (siehe Seite 10–13 für detaillierte Anleitungen).

Spezieller Stich für diese Arbeit: Büschelmasche aus Stäbchen zunehmen (Bm Stb zun) – Bm Stb, 1 Lm, Bm Stb in dieselbe Masche.

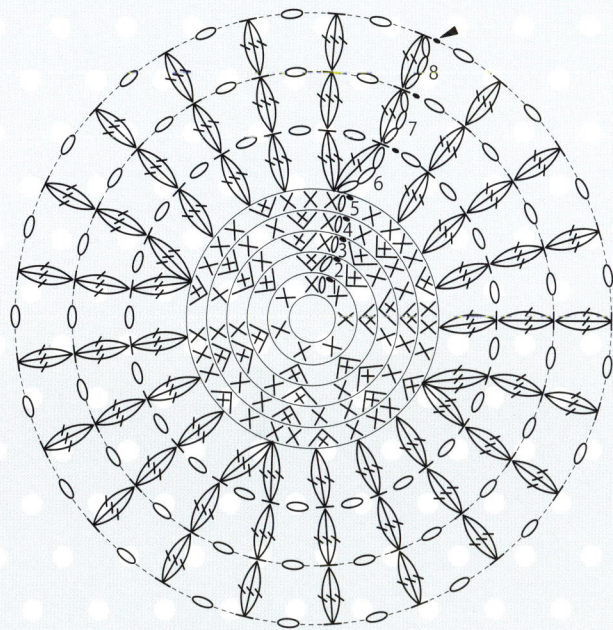

Körbchen

Einen Fadenring zum Rundhäkeln bilden (siehe Anleitungen Seite 14).

Runde 1: 1 Lm, 7 fM, 1 Km. Kennzeichnen Sie die 1. M mit einem verschließbaren Maschenmarkierer um den Rundenanfang nicht zu verlieren.

Runde 2: 1 Lm, (1 fM zun) 7-mal, 1 Km.

Runde 3: 1 Lm, (1 fM, 1 fM zun) 7-mal, 1 Km.

Runde 4: 1 Lm, 1 fM, (1 fM zun, 2 fM) 6-mal, 1 fM zun, 1 fM, 1 Km.

Runde 5: 1 Lm, (3 fM, 1 fM zun) 6-mal, 4 fM, 1 Km.

Anmerkung zu Runde 6: Immer, wenn Sie 1 Lm häkeln, müssen Sie 1 M der vorhergehenden Runde auslassen und Ihre Bm Stb in die nächste M häkeln.

Runde 6: 3 Lm, 2 Stb in die 1. M der vorhergehenden Runde, 1 Lm, 1 Bm Stb in dieselbe M, ((1 Lm, 1 Bm Stb) 3-mal, 1 Bm Stb zun) 3-mal, (1 Lm, 1 Bm Stb) 4-mal, 1 Lm, 1 Km.

Runde 7–8: 3 Lm, 2 Stb in die 1. M der vorhergehenden Runde, 1 Lm, (1 Bm Stb, 1 Lm) 20-mal, 1 Km. Das Garn abschneiden, einen Faden von etwa 20 cm stehenlassen und durchziehen.

Griff

35 Lm anschlagen.

Reihe 1: Mit der 2. M von der Nadel beginnen, 34 fM, 1 Lm.

Reihe 2: 34 fM. Das Garn abschneiden, einen langen Faden stehenlassen und durchziehen. Den Griff der Länge nach in der Mitte falten und mit dem Überwendlingsstich zusammennähen, um ihn stabil zu machen.

Fertigstellung

Den Griff im Überwendlingsstich an den Korb annähen.

Blumenkörbchen

Maiglöckchen

Material
- Mittleres Garn (Gemisch aus Wolle und Acryl) in Weiß, Hell- und Dunkelgrün, je 5,5 m (2 g)

Handarbeitszeug
- Häkelnadel, 2,5 mm
- Stick- oder Garnnadel

Verwendete Maschen
Gehäkelt: Luftmasche (Lm), Stäbchen (Stb), halbes Stäbchen (hStb), feste Masche (fM), Kettmasche (Km). Nähen: Überwendlingsstich (siehe Seite 10–13 für detaillierte Anleitungen).

Einfach bezaubernd häkeln

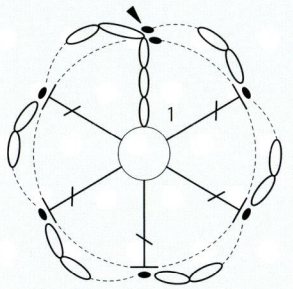

Blüte (3-mal häkeln)

Mit dem weißen Garn einen Fadenring zum Rundhäkeln bilden (siehe Anleitungen Seite 14).

Runde 1: 3 Lm, 5 Stb, 1 Km. Garnende des Fadenringes festziehen, um den Ring zu schließen.

Runde 2: (2 Lm, 1 Km) 6-mal. Das Garn abschneiden, einen Faden von etwa 15 cm stehenlassen und durchziehen.

Stiel

Mit dem hellgrünen Garn 26 Lm anschlagen.

Reihe 1: Mit der 2. M von der Nadel beginnen, 5 Km. 3 Lm, 1 Km in die 2. Lm von der Nadel, dann 6 Km entlang der Lm-Kette zurückhäkeln. 5 Lm, 1 Km in die 2. M von der Nadel, 18 Km entlang der neuen Lm-Kette und der Anfangs-Lm zurückhäkeln. Das Garn abschneiden und durchziehen.

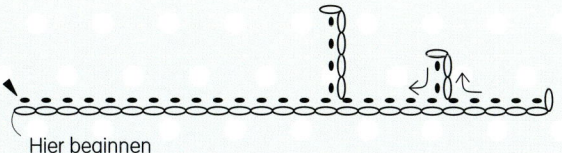

Blatt

Mit dem dunkelgrünen Garn 31 Lm anschlagen.

Reihe 1: Mit der 2. Lm von der Nadel beginnen, 11 fM, 4 hStb, 10 Stb, 3 hStb, 2 fM, 2 Lm und dann entlang der unteren Seite der Luftmaschenkette weiterhäkeln. 2 fM, 3 hStb, 10 Stb, 4 hStb, 11 fM, 2 Lm, 1 Km.

Reihe 2: 1 Lm, 11 fM, 4 hStb, 10 Stb, 3 hStb, 2 fM, 3 fM um das Ende häkeln und dann entlang der unteren Seite der Luftmaschenkette weiterhäkeln. 2 fM, 3 hStb, 10 Stb, 4 hStb, 11 fM, 1 Km. Das Garn abschneiden und durchziehen.

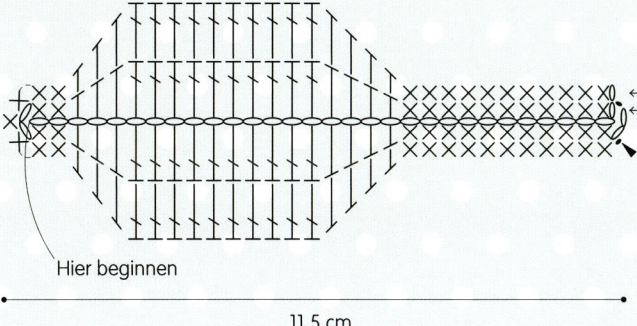

Einzelteile zusammennähen

Die Blüten an die Stiele annähen. Den Stiel dann ins Innere des Blattes legen, den Unterteil des Blattes um den Stiel wickeln, mit dem Überwendlingsstich befestigen und das Blatt zunähen.

Maiglöckchen

Wildrose

Material

- Mittleres Garn (Gemisch aus Wolle und Acryl) in Rosa, Hell- und Dunkelgrün, je 5,5 m (2 g)
- Mittleres Garn (Gemisch aus Wolle und Acryl) in Weiß, 2,75 m (1 g)

Handarbeitszeug

- Häkelnadel, 2,5 mm
- Stick- oder Garnnadel

Verwendete Maschen

Gehäkelt: Luftmasche (Lm), Stäbchen (Stb), halbes Stäbchen (hStb), feste Masche (fM), Kettmasche (Km). Nähen: Überwendlingsstich (siehe Seite 10–13 für detaillierte Anleitungen).

Spezielle Maschen für diese Arbeit: doppeltes Stäbchen (dStb): Das Garn 2-mal um die Nadel wickeln, bevor Sie die Nadel in die Masche stechen. Dann das Garn umschlagen und durch 2 Schlingen ziehen. Diesen Schritt wiederholen, bis nur 1 Schlinge auf der Nadel verbleibt.

Vergissmeinnicht

Material

- Mittleres Garn (Gemisch aus Wolle und Acryl) in Hellgrün, 5,5 m (2 g)
- Mittleres Garn (Gemisch aus Wolle und Acryl) in Weiß und Blau, 2,75 m (1 g)

Handarbeitszeug

- Häkelnadel, 2,5 mm
- Stick- oder Garnnadel

Verwendete Maschen

Gehäkelt: Luftmasche (Lm), Stäbchen (Stb), halbes Stäbchen (hStb), feste Masche (fM), feste Masche zunehmen (fM zun), Kettmasche (Km). Nähen: Überwendlingsstich (siehe Seite 10–13 für detaillierte Anleitungen).

Kamille

Material

- Mittleres Garn (Gemisch aus Wolle und Acryl) in Hellgrün, 5,5 m (2 g)
- Mittleres Garn (Gemisch aus Wolle und Acryl) in Weiß und Gelb, je 2,75 m (1 g)

Handarbeitszeug

- Häkelnadel, 2,5 mm
- Stick- oder Garnnadel
- Füllwatte (kleine Menge)

Verwendete Maschen

Gehäkelt: Luftmasche (Lm), Stäbchen (Stb), halbes Stäbchen (hStb), feste Masche (fM), feste Masche zunehmen (fM zun), Kettmasche (Km). Nähen: Überwendlingsstich (siehe Seite 10–13 für detaillierte Anleitungen).

Wildrose

Blüte

4,5 cm

Anmerkung: Halten Sie sich an das Häkeldiagramm, um festzustellen, in welche Maschen der vorigen Runde Sie die Maschen der nächsten Runde häkeln sollen.

Mit dem rosafarbenen Garn einen Fadenring zum Rundhäkeln bilden (siehe Anleitungen Seite 14).

Runde 1: 1 Lm, (1 fM, 3 Lm, 1 Stb, 3 Lm) 5-mal. 1 Km in die 1. Lm. Das Garnende des Fadenrings festziehen, um die Schlinge zu schließen.

Runde 2: (4 Lm, 1 Stb in die 3. Lm der vorhergehenden Runde, 1 fM, 1 Stb in die 3. Lm der vorhergehenden Runde, 4 Lm, 1 Km) 5-mal.

Runde 3: (6 Lm, 1 Stb zun, 1 fM, 1 Stb zun, 6 Lm, 1 Km) 5-mal. Das Garn abschneiden, einen Faden von etwa 15 cm stehenlassen und durchziehen.

Blütenmitte

2 cm

Mit dem weißen Garn einen Fadenring zum Rundhäkeln bilden.

Runde 1: 1 Km, (5 Lm, 1 Km) 8-mal entlang des Fadenrings häkeln. Das Garn abschneiden, einen Faden von etwa 15 cm stehenlassen und durchziehen. Das Garnende des Fadenringes festziehen, um die Schlinge zu schließen.

Blütenkelch

3 cm

Mit dem dunkelgrünen Garn einen Fadenring zum Rundhäkeln bilden.

Runde 1: 1 Lm, 1 fM, 4 Lm. 1 Km in die 2. Lm von der Nadel häkeln, 1 fM, 1 hStb. Diese Maschenfolge 5-mal entlang des Fadenrings häkeln. 1 Km in die 1. Lm, das Garn abschneiden, einen Faden von etwa 15 cm stehenlassen und durchziehen. Das Garnende des Fadenringes festziehen, um die Schlinge zu schließen.

Blatt A (3-mal häkeln)

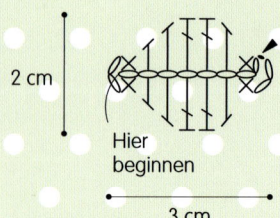

2 cm

Hier beginnen

3 cm

Mit dem hellgrünen Garn 8 Lm anschlagen.

Reihe 1: Mit der 2. M von der Nadel beginnen, 1 fM, 1 hStb, 2 Stb, 2 hStb, 1 fM, 2 Lm, dann auf der unteren Seite der Lm-Kette weiterhäkeln. 1 fM, 2 hStb, 2 Stb, 1 hStb, 1 fM, 2 Lm, 1 Km. Das Garn abschneiden und durchziehen.

Einfach bezaubernd häkeln

Blatt B

Mit dem dunkelgrünen Garn 12 Lm anschlagen.

Reihe 1: Mit der 2. M von der Nadel beginnen, 1 fM, 2 hStb, 2 Stb, 3 dStb, 1 Stb, 1 hStb, 1 fM, 2 Lm, dann auf der unteren Seite der Lm-Kette weiterhäkeln. 1 fM, 1 hStb, 1 Stb, 3 dStb, 2 Stb, 2 hStb, 1 fM, 2 Lm, 1 Km. Das Garn abschneiden und durchziehen.

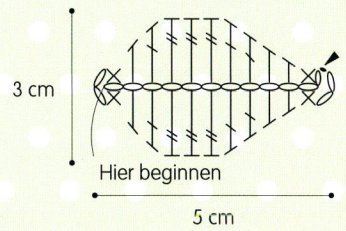

Stängel

Mit dem dunkelgrünen Garn 41 Lm anschlagen.

Reihe 1: Mit der 2. Lm von der Nadel beginnen, 5 Km häkeln. 6 Lm, 1 Km in die 2. Lm von der Nadel, 15 Km entlang der neuen Lm-Kette und zurück bis zur Anfangs-Kette. 6 Lm, 1 Km in die 2. Lm von der Nadel, dann 30 Km entlang der neuen Lm-Kette und zurück zur Anfangs-Kette. Garn abschneiden und durchziehen.

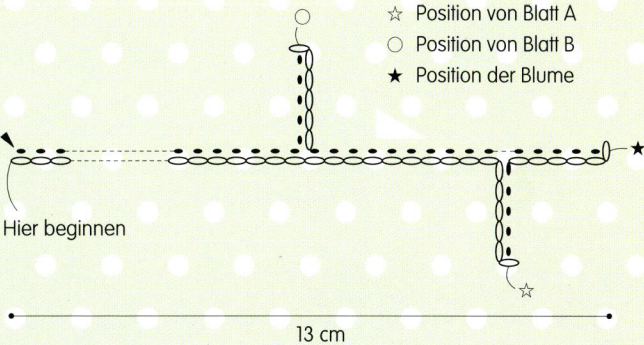

Einzelteile zusammennähen

Mit dem Überwendlingsstich den Kelch rückseitig an die Blüte nähen, dann die Blütenmitte vorne in der Mitte anbringen. Die drei Blätter A zusammennähen (siehe Abbildung als Orientierungshilfe). Die Blüte oben an den Stängel nähen, die drei Blätter am 2. Stängel befestigen und das letzte Blatt B an den dritten Stängel nähen. Die Enden vernähen, um die Arbeit fertigzustellen.

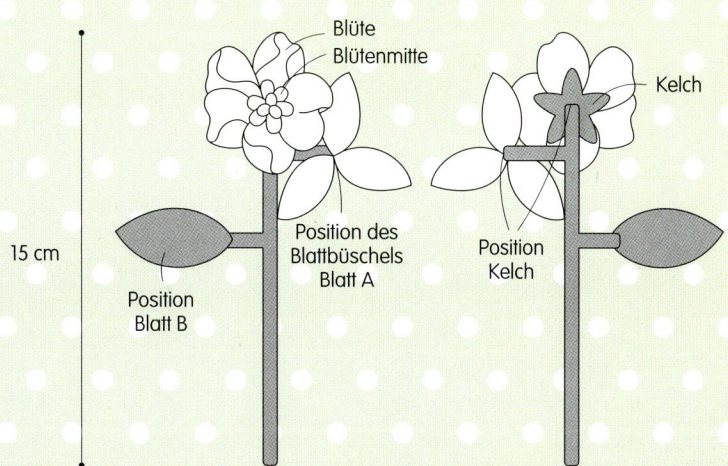

Trockenblumen

Vergissmeinnicht

2 cm

Blüte (3-mal häkeln)

Mit dem weißen Garn zum Rundhäkeln einen Fadenring bilden (siehe Seite 14 für weitere Anleitungen).

Runde 1: 1 Lm, (1 fM, 2 Lm) 5-mal. 1 Km in die 1. Lm. Das Garn abschneiden und den Faden durchziehen. Das Garnende des Fadenrings festziehen, um den Ring zu schließen.

Runde 2: Das hellblaue Garn in die 1. fM der Vorrunde mit 1 Km einhäkeln. 1 Lm (3 fM, 1 Km) 5-mal. Das Garn abschneiden und durchziehen.

Blatt (2-mal häkeln)

Mit dem dunkelgrünen Garn 9 Lm anschlagen.

Reihe 1: Mit der 2. Lm von der Nadel beginnen, 4 fM, 3 hStb, 1 fM, 2 Lm. Auf der unteren Seite der Lm-Kette weiterarbeiten und 1 fM, 3 hStb, 4 fM, 2 Lm, 1 Km häkeln. Das Garn abschneiden und durchziehen.

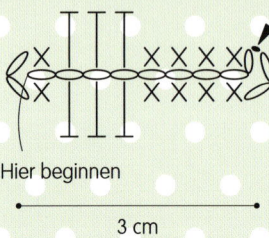

Hier beginnen

3 cm

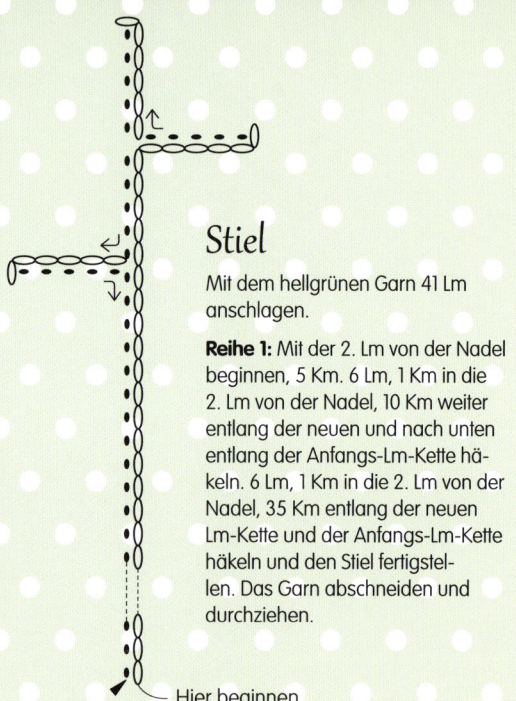

13 cm

Stiel

Mit dem hellgrünen Garn 41 Lm anschlagen.

Reihe 1: Mit der 2. Lm von der Nadel beginnen, 5 Km. 6 Lm, 1 Km in die 2. Lm von der Nadel, 10 Km weiter entlang der neuen und nach unten entlang der Anfangs-Lm-Kette häkeln. 6 Lm, 1 Km in die 2. Lm von der Nadel, 35 Km entlang der neuen Lm-Kette und der Anfangs-Lm-Kette häkeln und den Stiel fertigstellen. Das Garn abschneiden und durchziehen.

Hier beginnen

Die Einzelteile zusammennähen

Die Blüten an den beiden Stiele annähen und die beiden Blätter mit dem Überwendlingsstich an dem Hauptstängel annähen. Die Garnenden vernähen, um das Vergissmeinnicht fertigzustellen.

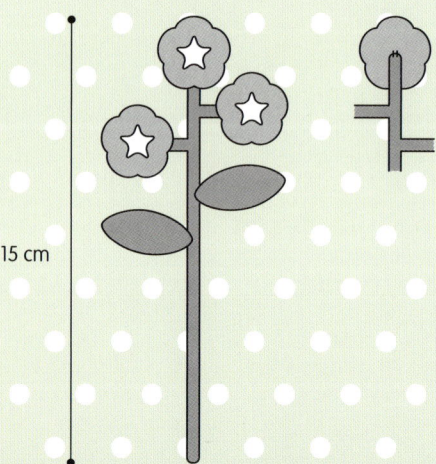

15 cm

Einfach bezaubernd häkeln

Kamille

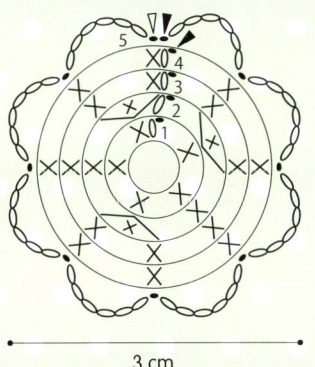

3 cm

Blüte

Mit dem gelben Garn zum Rundhäkeln einen Fadenring formen (siehe Seite 14 für weitere Anleitungen).

Runde 1: 1 Lm, 5 fM. Das Garnende des Fadenrings zum Schließen festziehen und 1 Km in die 1. Lm häkeln.

Runde 2: 1 Lm (1 fM zun, 1 fM) 2-mal, 1 fM zun, 1 Km.

Runde 3–4: 1 Lm, 8 fM, 1 Km. Das Garn abschneiden und durchziehen.

Runde 5: Das weiße Garn in die 1. fM der letzten Reihe mit 1 Km einhäkeln. (6 Lm, 1 Km) 8-mal. Das Garn abschneiden und durchziehen.

Stiel

Mit dem hellgrünen Garn 32 Lm anschlagen.

Ein Blatt häkeln: Mit der 2. Lm von der Nadel beginnen und 3 Km häkeln. 5 Lm, 1 Km in die 2. Lm von der Nadel, 1 weitere Km unten entlang der neuen Lm-Kette. 3 Lm, 1 Km in die 2. Lm von der Nadel, 1 weitere Km unten entlang der neuen Lm-Kette. 3 Lm, 1 Km in die 2. Lm von der Nadel, 1 Km noch 4 weitere Male häkeln.

4 Lm, 1 Km in die 2. Lm von der Nadel, 5 weitere Km unten entlang der Lm-Kette.

17 Lm. Der obenstehenden Anleitung für das 2. Blatt folgen.

6 Lm, mit der 2. Lm von der Nadel beginnen, 10 Km.

7 Lm. Der obenstehenden Anleitung für das 3. Blatt folgen. 30 Km entlang des Hauptstängels zurückhäkeln. Das Garn abschneiden und durchziehen.

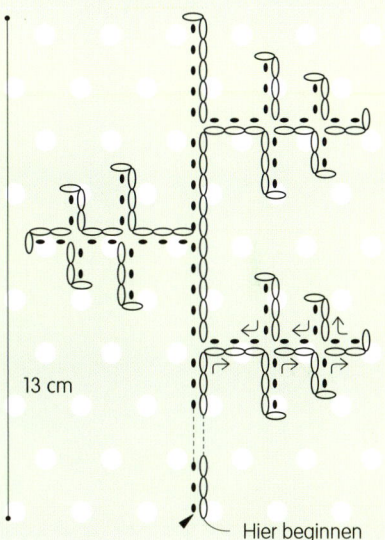

13 cm — Hier beginnen

Kelch

Mit dem hellgrünen Garn einen Fadenring zum Rundhäkeln formen.

Runde 1: 1 Lm, 5 fM. Das Garnende des Fadenrings zum Schließen festziehen und 1 Km in die 1. Lm häkeln.

Runde 2: 1 Lm, (1 fM zun, 1 fM) 2-mal, 1 fM zun, 1 Km. Das Garn abschneiden und durchziehen.

Wussten Sie, dass man unter dem Kelch den Teil einer Blume versteht, der die Blüte mit dem Stiel verbindet?

Die Einzelteile zusammennähen

Den Kelch mit einer kleinen Menge Füllwatte füllen und mit dem Überwendlingsstich an die Rückseite der Blüte nähen. Die Blüte oben an den Stiel annähen und die Garnenden vernähen, um die Kamille fertigzustellen.

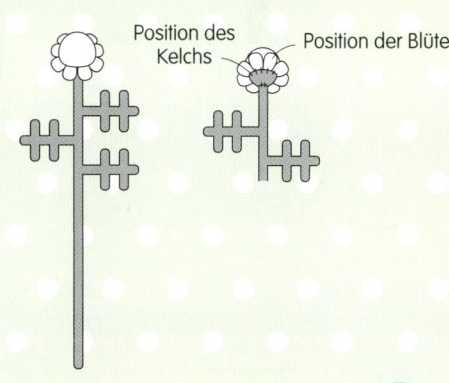

Position des Kelchs — Position der Blüte

15 cm

Trockenblumen

Klee

Material
- Mittleres Garn (Gemisch aus Wolle und Acryl) in Hellgrün, Dunkelgrün und Weiß, je 5,5 m (2 g)

Handarbeitszeug
- Häkelnadel, 2,5 mm
- Stick- oder Garnnadel

Verwendete Maschen
Gehäkelt: Luftmasche (Lm), Stäbchen (Stb), halbes Stäbchen (hStb), feste Masche (fM), Kettmasche (Km). (Siehe Seite 10–13 für detaillierte Anleitungen).

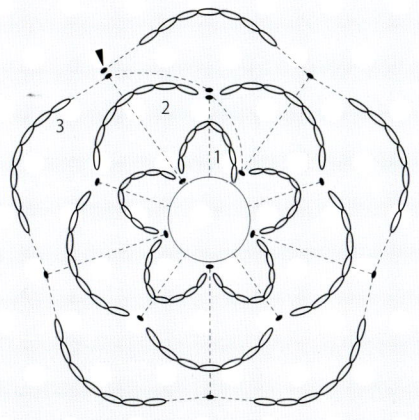

Klee

Zum Rundhäkeln mit dem weißen Garn einen Fadenring formen (siehe Seite 14 für detailliertere Anleitungen).

Runde 1: (8 Lm, 1 Km in den Fadenring) 5-mal. Das Garnende des Fadenrings festziehen, um die Schlinge teilweise zu schließen, 1 Km in die 1. Lm. *Anmerkung: Ziehen Sie die Schlinge nicht ganz zu, da Sie in der 2. Runde noch Km hinein häkeln müssen!*

Runde 2: 1 Km in den Fadenring zwischen die ersten beiden Km aus Runde 1. *Anmerkung: Vergewissern Sie sich, dass Sie unter den Lm aus Runde 1 arbeiten.* 7 Lm, 1 Km zwischen die 2. und 3. Km aus Runde 1. 4 weitere Male wiederholen. 1 Km in die 1. Km der Runde.

Runde 3: Weiter unter den Lm arbeiten, 1 Km in die 1. Km aus Runde 1. 7 Lm, 1 Km in die 2. Km aus Runde 1. 4 weitere Male wiederholen, 1 Km in die 1. Km der Runde. Das Garn abschneiden und durchziehen. Das Garnende des Fadenringes zum Schließen festziehen.

Dreiblättriger Klee

Zum Rundhäkeln mit dem hellgrünen Garn einen Fadenring formen.

Runde 1: (2 Lm, 1 hStb, 2 Lm, 1 Km) 3-mal. Das Garn abschneiden und durchziehen. Das Garnende des Fadenringes zum Schließen festziehen.

Runde 2: Orientieren Sie sich am Häkeldiagramm für die Anordnung der Maschen. Das dunkelgrüne Garn in die 1. Km aus der Vorrunde einhäkeln. (4 Lm, 1 Stb, 1 fM, 1 Stb, 4 Lm, 1 Km) 3-mal. Das Garn abschneiden und durchziehen.

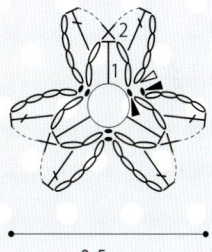

3,5 cm

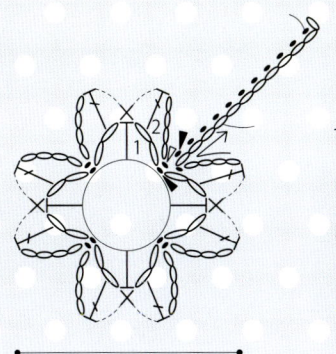

4 cm

Vierblättriger Klee

Die Runden 1 und 2 des dreiblättrigen Klees häkeln; die Schritte dabei jedoch 4-mal statt 3-mal wiederholen. Am Ende der 2. Runde 12 Lm häkeln. Mit der 2. Lm von der Nadel beginnen und 11 Km entlang der Lm-Kette zurückhäkeln. Das Garn abschneiden und durchziehen.

Zum Fertigstellen die Enden vernähen.

Marienkäfer

Verwendete Maschen

Gehäkelt: Luftmasche (Lm), Stäbchen (Stb), halbes Stäbchen (hStb), feste Masche (fM), Kettmasche (Km), in das hintere Maschenglied häkeln. Nähen: Überwendlingsstich (siehe Seite 10–13 für detaillierte Anleitungen).

Material

- Mittleres Garn (Gemisch aus Wolle und Acryl) in Rot oder Orange, 5,5 m (2 g)
- Mittleres Garn (Gemisch aus Wolle und Acryl) in Schwarz oder Weiß, 5,5 m (2 g)

Handarbeitszeug

- Häkelnadel, 2,5 mm
- Stick- oder Garnnadel
- Füllwatte (kleine Menge)
- Verschließbarer Maschenmarkierer

Körper

Zum Rundhäkeln mit dem roten oder orangen Garn einen Fadenring formen (siehe Seite 14 für die genauere Anleitung).

Runde 1: 1 Lm, 5 fM, 1 Km in die 1. Lm. Das Garnende des Fadenringes zum Schließen festziehen und mit dem verschließbaren Maschenmarkierer den Rundenanfang kennzeichnen.

Runde 2: 1 Lm, (1 fM zun) 5-mal, 1 Km.

Runde 3: 1 Lm, (1 fM, 1 fM zun) 5-mal, 1 Km.

Runde 4–5: 1 Lm, 15 fM, 1 Km.

Runde 6: * Anmerkung: Alle M in dieser Runde in das hintere Maschenmitglied häkeln. 1 Lm, (1 fM, 2 fM zus häkeln) 5-mal, 1 Km.

Runde 7: 1 Lm (2 fM zus häkeln) 5-mal, 1 Km. Das Garn abschneiden, einen Faden von etwa 15 cm stehenlassen und durchziehen.

Kopf

Zum Rundhäkeln mit dem schwarzen Garn einen Fadenring formen.

Runde 1: 1 Lm, 6 fM. Das Garnende des Fadenrings zum Schließen festziehen, 1 Km. Das Garn abschneiden, einen Faden von etwa 15 cm stehenlassen und durchziehen.

Details

Orientieren Sie sich an der Abbildung und sticken Sie die Punkte mit weißem Garn auf. Führen Sie die Nadel von hinten nach vorne, wählen Sie eine Masche aus und stechen Sie die Nadel dann von vorne nach hinten ein. Kehren Sie dann zurück zum Anfang, um die V-Form zu sticken. Füllen Sie den Körper mit ein wenig Füllwatte und schließen Sie die Öffnung. Nähen Sie den Kopf mit dem Überwendlingsstich an den Körper an und vernähen Sie die losen Enden, um Ihren Marienkäfer fertigzustellen.

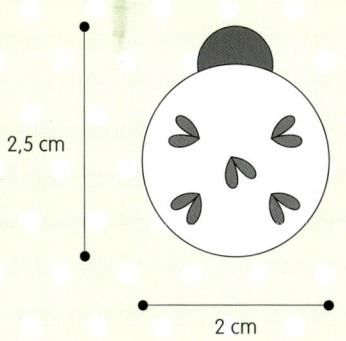

So werden die Punkte gestickt

Marienkäfer

Die süßesten Kleinigkeiten

Material

- Mittleres Garn (Gemisch aus Wolle und Acryl) in Weiß, 50 m (22 g)
- Mittleres Garn (Gemisch aus Wolle und Acryl) in Rot oder Blau, 2,75 m (1 g)

Handarbeitszeug

- Häkelnadel, 3,5 mm
- Stick- oder Garnnadel
- Verschließbarer Maschenmarkierer

Verwendete Maschen

Gehäkelt: Luftmasche (Lm), feste Masche (fM), feste Masche zunehmen (fM zun), Kettmasche (Km). Details: Sticken (siehe Seite 10–13 für detaillierte Anleitungen).

Tasse & Untertasse

Tasse

Zum Rundhäkeln mit dem weißen Garn einen Fadenring bilden (siehe Seite 14 für genauere Anleitungen).

Runde 1: 1 Lm, 7 fM. Das Garnende des Fadenringes zum Schließen festziehen, 1 Km in die 1. Lm. Den Rundenanfang mit einem verschließbaren Maschenmarkierer markieren; schieben Sie diesen Runde für Runde nach oben, um Ihre Runden im Auge zu behalten.

Runde 2: 1 Lm, (1 fM zun) 7-mal, 1 Km.

Runde 3: 1 Lm, (1 fM, 1 fM zun), 7-mal, 1 Km.

Runde 4: 1 Lm, (2 fM, 1 fM zun), 7-mal, 1 Km.

Runde 5: 1 Lm, 28 fM, 1 Km.

Runde 6: 1 Lm, (3 fM, 1 fM zun), 7-mal, 1 Km.

Runde 7: 1 Lm, 35 fM, 1 Km.

Runde 8: 1 Lm, (4 fM, 1 fM zun), 7-mal, 1 Km.

Runde 9–11: 1 Lm, 42 fM, 1 Km.

Runde 12: 1 Lm, (13 fM, 1 fM zun), 3-mal, 1 Km.

Runde 13–14: 1 Lm, 45 fM, 1 Km. Das Garn abschneiden und durchziehen.

Untertasse

Zum Rundhäkeln mit dem weißen Garn einen Fadenring bilden.

Runde 1: 1 Lm, 7 fM. Das Garnende des Fadenringes zum Schließen festziehen, 1 Km in die 1. Lm.

Runde 2: 1 Lm, (1 fM zun) 7-mal, 1 Km.

Runde 3: 1 Lm, (1 fM, 1 fM zun) 7-mal, 1 Km.

Runde 4: 1 Lm, (2 fM, 1 fM zun) 7-mal, 1 Km.

Runde 5: 1 Lm, (3 fM, 1 fM zun) 7-mal, 1 Km.

Runde 6: 1 Lm, (4 fM, 1 fM zun) 7-mal, 1 Km.

Runde 7: 1 Lm, 3 fM, 1 fM zun, (5 fM, 1 fM zun) 6-mal, 2 fM, 1 Km.

Runde 8: 1 Lm, 2 fM, 1 fM zun, (6 fM, 1 fM zun) 6-mal, 4 fM, 1 Km.

Runde 9: 1 Lm, 1 fM, 1 fM zun, (7 fM, 1 fM zun) 6-mal, 6 fM, 1 Km.

Runde 10: 1 Lm, 1 fM zun, (8 fM, 1 fM zun) 6-mal, 8 fM, 1 Km. Das Garn abschneiden und durchziehen.

Einfach bezaubernd häkeln

Griff

Mit dem weißen Garn 16 Lm anschlagen.

Reihe 1: 15 fM. Das Garn abschneiden, einen langen Faden stehenlassen und durchziehen.

> Nachdem man auch die Innenseite der Tasse sehen kann, vergessen Sie nicht, auf die Rückseite Ihrer Stickerei zu achten. Auch wenn es die „falsche Seite" ist, wird die Stickerei, wenn Sie Ihre Stiche ordentlich und gleichmäßig halten, wie ein hübsches Muster aussehen!

Fertigstellung und Details

Benutzen Sie das rote oder das blaue Garn, um in der 2. Reihe von oben das Muster aufzusticken. Führen Sie die Nadel von hinten nach vorne. Wählen Sie eine Masche aus und stechen Sie die Nadel von vorne nach hinten. Führen Sie dann die Nadel zurück zum Anfang, um die V-Form zu erhalten. Wiederholen Sie diesen Schritt bei jeder dritten Masche entlang der Tasse und der Untertasse.

Nähen Sie den Henkel oben und unten an dem Saum an. Vernähen Sie alle Enden, um Ihr Tee-Service fertigzustellen.

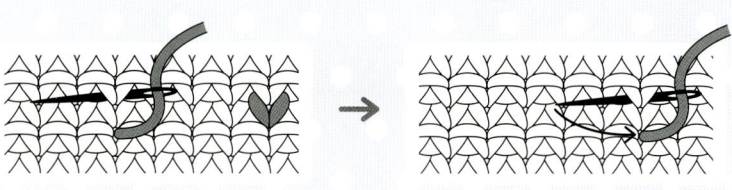

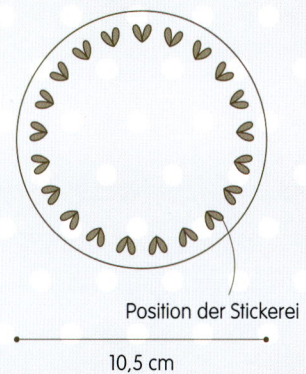

Position der Stickerei

10,5 cm

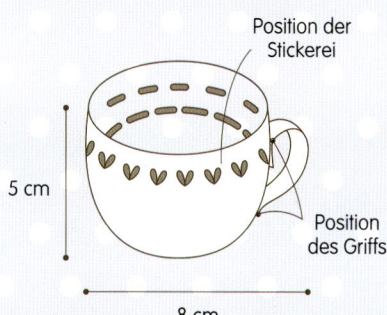

Position der Stickerei

5 cm

Position des Griffs

8 cm

Löffel & Gabel

Material

- Mittleres Garn (Gemisch aus Wolle und Acryl) in Weiß, je 5,5 m (2 g) pro Besteckteil

Handarbeitszeug

- Häkelnadel, 2,5 mm
- Stick- oder Garnnadel

Verwendete Maschen

Gehäkelt: Luftmasche (Lm), Stäbchen (Stb), halbes Stäbchen (hStb), feste Masche (fM), Kettmasche (Km). (Siehe Seite 10–13 für detaillierte Anleitungen).

Spezielle Maschen für diese Arbeit: 3 Stäbchen zusammen häkeln (3 Stb zus häkeln): (Umschlag, Nadel in die nächste M stechen, Umschlag, Schlinge durchziehen, Umschlag, durch 2 Schlingen auf der Nadel ziehen) 3-mal (4 Schlingen verbleiben auf der Nadel), Umschlag, Garn durch alle Schlingen auf der Nadel ziehen – 2 Maschen abgenommen.

3 feste Maschen zunehmen (3 fM zun): 3-mal 1 fM in dieselbe M häkeln.

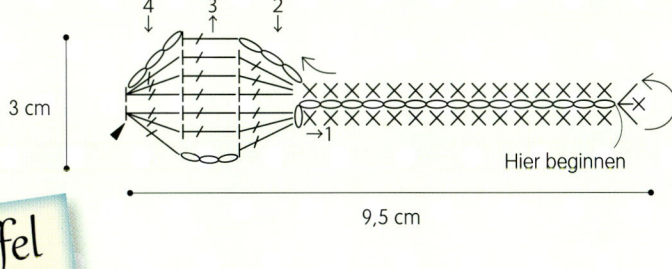

Löffel

16 Lm anschlagen.

Reihe 1: Mit der 2. Lm von der Nadel beginnen, 15 fM, 3 fM zun, dann auf der unteren Seite der Lm-Kette weiterhäkeln. 15 fM.

Reihe 2: 3 Lm, 6 Stb.

Reihe 3: 3 Lm, 6 Stb.

Reihe 4: 3 Lm, (3 Stb zus häkeln) 2-mal. Das Garn abschneiden und durchziehen. Zum Fertigstellen die losen Enden vernähen.

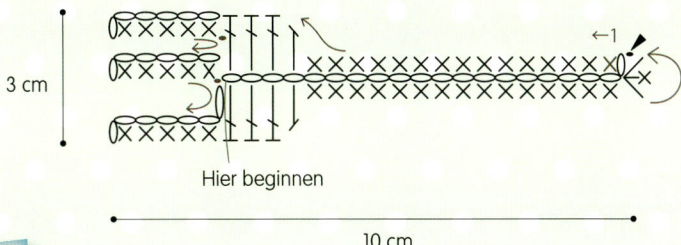

Gabel

20 Lm anschlagen.

Reihe 1: Mit der 2. Lm von der Nadel beginnen, 15 fM, 1 hStb, 3 Stb.

Zinken: (6 Lm, mit der 2. Lm von der Nadel beginnen, 5 fM, 1 Km) 2-mal, 1 Lm, dann ein weiteres Mal wiederholen.

Dann entlang der unteren Seite der Luftmaschenkette häkeln, 3 Stb, 1 hStb, 15 fM, 3 fM zun, 1 Km. Das Garn abschneiden, durchziehen und die losen Enden vernähen.

Löffel & Gabel

Makronen

Material

- Mittleres Garn (Gemisch aus Wolle und Acryl) in der Farbe Ihrer Wahl für die Makrone, 9,25 m (3 g)
- Mittleres Garn (Gemisch aus Wolle und Acryl) in der Farbe Ihrer Wahl für die Füllung, je 2,75 m (1 g)

Handarbeitszeug

- Häkelnadel, 2,5 mm
- Stick- oder Garnnadel
- Füllwatte (kleine Menge)

Verwendete Maschen

Gehäkelt: Luftmasche (Lm), feste Masche (fM), feste Masche zunehmen (fM zun), Kettmasche (Km), in das hintere Maschenglied häkeln. (Siehe Seite 10–13 für detaillierte Anleitungen.)

Makrone (2-mal häkeln)

Zum Rundhäkeln mit dem Garn Ihrer Wahl für die Makrone einen Fadenring bilden (siehe Seite 14 für detaillierte Anleitung).

Runde 1: 1 Lm, 7 fM. Das Garnende des Fadenringes zum Schließen festziehen, 1 Km in die 1. Lm.

Runde 2: 1 Lm (1 fM zun) 7-mal, 1 Km.

Runde 3: 1 Lm, (1 fM, 1 fM zun) 7-mal, 1 Km.

Runde 4: 1 Lm, (1 fM zun, 2 fM) 7-mal, 1 Km.

Runde 5–6: 1 Lm, 28 fM, 1 Km. *Anmerkung: In Runde 6 in das hintere Maschenglied häkeln.*

Runde 7: 1 Lm, (2 fM zus häkeln, 2 fM) 7-mal, 1 Km.

Runde 8: 1 Lm, (2 fM zus häkeln, 1 fM) 7-mal, 1 Km. Das Garn abschneiden und durchziehen.

Makronenfüllung

Zum Rundhäkeln mit dem Garn Ihrer Wahl für die Füllung einen Fadenring bilden.

Runde 1: 1 Lm, 7 fM. Das Garnende des Fadenringes zum Schließen festziehen, 1 Km in die 1. Lm.

Runde 2: 1 Lm (1 fM zun) 7-mal, 1 Km.

Runde 3: 1 Lm, (1 fM, 1 fM zun) 7-mal, 1 Km.

Runde 4: 1 Lm, (1 fM zun, 2 fM) 7-mal, 1 Km.

Runde 5–6: 1 Lm, 28 fM, 1 Km. *Anmerkung: In Runde 6 in das hintere Maschenglied häkeln.*

Runde 7: 1 Lm, (2 fM zus häkeln, 2 fM) 7-mal, 1 Km.

Runde 8: 1 Lm, (2 fM zus häkeln, 1 fM) 7-mal, 1 Km. Das Garn abschneiden und durchziehen.

Fertigstellung

Jede Makronenhälfte mit einer kleinen Menge Füllwatte füllen. Das Stück für die Makronenfüllung zwischen die Kekshälften legen und alle drei zusammennähen (wie das am besten gelingt, sehen Sie unten abgebildet). Vernähen Sie alle Enden, um die Makrone fertigzustellen.

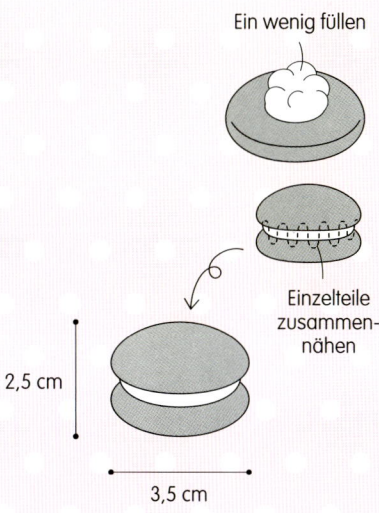

Ein wenig füllen

Einzelteile zusammennähen

2,5 cm

3,5 cm

Makronen

Material

- Mittleres Garn (Gemisch aus Wolle und Acryl) in Braun, Beige oder Rosa für das Küchlein, 18,5 m (8 g)
- Mittleres Garn (Gemisch aus Wolle und Acryl) in Weiß, Schokoladenbraun oder Pastellgelb für die Cremehaube, je 7,5 m (3 g)
- Mittleres Garn (Gemisch aus Wolle und Acryl) in verschiedenen Rottönen für die Beeren, 2,75 m (1 g)
- Mittleres Garn (Gemisch aus Wolle und Acryl) in Grün für Stiele oder Blätter (kleine Menge)
- Dickes Garn (Gemisch aus Nylon und Acryl) in Weiß für die Schlagsahne (kleine Menge)

Handarbeitszeug

- Häkelnadeln, 2,5 mm, 3 mm, 3,5 mm, 5 mm
- Stick- oder Garnnadel
- Füllwatte (kleine Menge)
- Verschließbarer Maschenmarkierer

Verwendete Maschen

Gehäkelt: Luftmasche (Lm), Stäbchen (Stb), Stäbchen zunehmen (Stb zun), halbes Stäbchen (hStb), feste Masche (fM), feste Masche zunehmen (fM zun), Kettmasche (Km), in das hintere Maschenglied häkeln. (Siehe Seite 10–13 für detaillierte Anleitungen).

Küchlein

Mit der 3,5-mm-Häkelnadel und der Farbe Ihrer Wahl das Küchlein beginnen. Zum Rundhäkeln einen Fadenring bilden (siehe Seite 14 für detaillierte Anleitung).

Runde 1: 1 Lm, 7 fM, 1 Km.

Runde 2: 1 Lm, (1 fM zun) 7-mal, 1 Km.

Runde 3: 1 Lm, (1 fM, 1 fM zun) 6-mal, 2 fM, 1 Km.

Runde 4: *Anmerkung: In dieser Runde alle M in das hintere Maschenglied häkeln.* 1 Lm, 20 fM, 1 Km.

Runde 5: 1 Lm, 20 fM, 1 Km.

Runde 6: 1 Lm, (4 fM, 1 fM zun) 4-mal, 1 Km.

Runde 7: 1 Lm, 24 fM, 1 Km.

Runde 8: 1 Lm, 2 fM, 1 fM zun, (5 fM, 1 fM zun) 3-mal, 3 fM, 1 Km.

Runde 9: 1 Lm, 28 fM, 1 Km.

Runde 10: 1 Lm, (6 fM, 1 fM zun) 4-mal, 1 Km.

Runde 11: 1 Lm, 32 fM, 1 Km.

Runde 12: *Anmerkung: In dieser Runde alle M in das hintere Maschenglied häkeln.* 1 Lm, (2 fM, 2 fM zus häkeln) 8-mal, 1 Km.

Runde 13: 1 Lm, 24 fM, 1 Km.

Runde 14: 1 Lm, (1 fM, 2 fM zus häkeln) 8-mal, 1 Km.

Runde 15: 1 Lm, (2 fM zus häkeln) 8-mal, 1 Km. Das Garn abschneiden, einen langen Faden stehenlassen und durchziehen.

Cremehaube

Mit der 3-mm-Häkelnadel und der Farbe Ihrer Wahl die Cremehaube beginnen. Zum Rundhäkeln einen Fadenring formen.

Runde 1: 1 Lm, 9 fM, 1 Km. Die 1. M und damit den Rundenanfang mit einem verschließbaren Maschenmarkierer kennzeichnen.

Runde 2: 3 Lm, 1 Stb in die 1. M, (1 Stb zun) 8-mal, 1 Km.

Runde 3: 3 Lm, (1 Stb zun, 1 Stb) 8-mal, 1 Stb zun, 1 Km.

Runde 4: 1 Lm, (1 fM, 3 Lm, 2 Stb) in die 1. M. (2 M überspringen, 1 fM, 3 Lm, 2 Stb) 8-mal, 1 Km. Das Garn abschneiden, einen langen Faden stehenlassen und durchziehen.

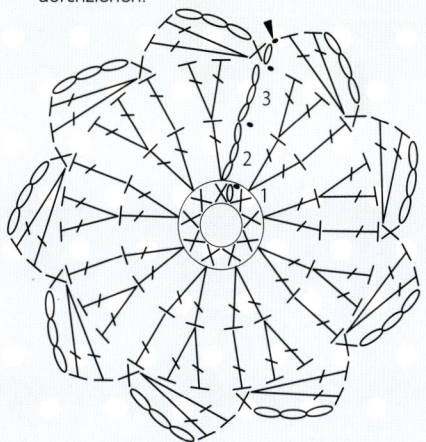

Cupcakes

Verzierung

Für alle Beeren die 2-mm-Häkelnadel verwenden.

Kirsche

Mit der Farbe Ihrer Wahl für die Kirsche zum Rundhäkeln einen Fadenring bilden.

Runde 1: 1 Lm, 6 fM, 1 Km.

Runde 2: 1 Lm, (1 fM zun) 6-mal, 1 Km.

Runde 3–6: 1 Lm, 12 fM, 1 Km.

Runde 7: 1 Lm (2 fM zus häkeln) 6-mal, 1 Km. Das Garn abschneiden und durchziehen.

Rote Beere (3-mal häkeln)

Mit der Farbe Ihrer Wahl für die Beeren zum Rundhäkeln einen Fadenring bilden.

Runde 1: 1 Lm, 6 fM, 1 Km.

Runde 2: 1 Lm, (1 fM, 1 fM zun) 3-mal, 1 Km.

Runde 3 & 4: 1 Lm, 9 fM, 1 Km.

Runde 5: 1 Lm (2 fM zus häkeln) 4-mal, 1 fM, 1 Km. Das Garn abschneiden und durchziehen.

Stiel

Mit dem grünen Garn 9 Lm anschlagen.

Reihe 1: Mit der 2. M von der Nadel beginnen, 8 Km. Das Garn abschneiden und durchziehen.

Blatt (3-mal häkeln)

Mit dem grünen Garn 7 Lm anschlagen.

Reihe 1: Mit der 2. M von der Nadel beginnen, 1 fM, 1 hStb, 2 Stb, 1 hStb, 1 fM. 3 Lm, dann auf der unteren Seite der Lm-Kette weiterhäkeln, 1 fM, 1 hStb, 2 Stb, 1 hStb, 1 fM, 1 fM zun, 1 Km. Das Garn abschneiden und durchziehen.

Schlagsahne

Mit dem dicken Garn und der 5-mm-Häkelnadel 10 Lm anschlagen, 1 Km in die 1. Lm häkeln, um einen Ring zu erhalten. Das Garn abschneiden und durchziehen.

Mini-Erdbeere

Zum Rundhäkeln mit einem roten Garn Ihrer Wahl einen Fadenring bilden.

Runde 1: 1 Lm, 6 fM, 1 Km.

Runde 2: 1 Lm, (1 fM, 1 fM zun) 3-mal, 1 Km.

Runde 3: 1 Lm, 9 fM, 1 Km.

Runde 4: 1 Lm, (2 fM, 1 fM zun) 3-mal, 1 Km.

Runde 5–7: 1 Lm, 12 fM, 1 Km.

Runde 8: 1 Lm, (2 fM zus häkeln) 6-mal, 1 Km. Das Garn abschneiden und durchziehen.

Zierblätter für die Beeren

Zum Rundhäkeln mit dem grünen Garn einen Fadenring bilden.

Runde 1: 1 Lm, 5 fM, 1 Km.

Runde 2: (3 Lm, 1 Stb, 3 Lm, 1 Km) 5-mal. Das Garn abschneiden und durchziehen.

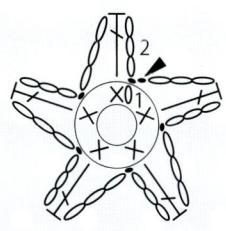

Die Einzelteile zusammennähen

Das Küchlein mit Füllwatte füllen, jedoch nicht zu viel Fülle verwenden, damit der Cupcake noch flach am Boden stehen kann. Die Cremehaube auf das Küchlein setzen und an Reihe 12 des Küchleins festnähen. Die Beeren füllen und die Blätter anbringen. Das Ende des Stiels oben in die Kirsche stecken und zunähen. Die Beeren auf die Spitze des Cupcakes nähen. Bei der Erdbeere erst die Schlagsahne anbringen und dann die Erdbeere oben auf die Sahne nähen. Zum Fertigstellen alle Garnenden vernähen.

Anordnen und Annähen der Beeren an die Creme

Donuts

Material (für einen Donut)
- Mittleres Garn (Gemisch aus Wolle und Acryl) in Hellgelb für den Donut, 18,5 m (8 g)
- Mittleres Garn (Gemisch aus Wolle und Acryl) in Braun, Hellbraun oder Weiß für den Überzug, 18,5 m (8 g)

Handarbeitszeug
- Häkelnadel, 3,5 mm
- Stick- oder Garnnadel
- Füllwatte (kleine Menge)

Verwendete Maschen
Gehäkelt: Luftmasche (Lm), feste Masche (fM), feste Masche zunehmen (fM zun), feste Masche abnehmen (2 fM zus häkeln) und Kettmasche (Km), Nähen: Überwendlingsstich. (Siehe Seite 10–13 für detaillierte Anleitungen).

Donut

Mit der Farbe des Überzugs beginnen und 18 Lm anschlagen. 1 Km in die 1. M, um den Ring zu schließen, und weiter rundhäkeln.

Runde 1: Nur in dieser Reihe 1 fM in die obere Hälfte und die hintere Schlaufe der Lm-Kette häkeln (siehe Abb.). 1 Lm, 18 fM, 1 Km.

Runde 2: 1 Lm, 18 fM, 1 Km.

Runde 3: 1 Lm, (2 fM, 1 fM zun) 6-mal, 1 Km.

Runde 4: 1 Lm, (3 fM, 1 fM zun) 6-mal, 1 Km.

Runde 5: 1 Lm, 1 fM, 1 fM zun, (4 fM, 1 fM zun) 5-mal, 3 fM, 1 Km.

Runde 6: 1 Lm, (5 fM, 1 fM zun) 6-mal, 1 Km.

Runde 7: 1 Lm, 42 fM, 1 Km.

Runde 8: Nur in dieser Reihe das Garn, das nicht verwendet wird, horizontal entlang der Maschen mitführen und mit dem Arbeitsgarn über den Faden häkeln, um ihn zu verstecken. 1 Lm (3 fM in der Farbe des Überzugs, 3 fM in Hellgelb) 7-mal. Mit dem gelben Garn weiterhäkeln, 1 Km.

Runde 9–10: 1 Lm, 42 fM, 1 Km.

Runde 11: 1 Lm, (5 fM, 2 fM zus häkeln) 6-mal, 1 Km.

Runde 12: 1 Lm, 2 fM, 2 fM zus häkeln, (4 fM, 2 fM zus häkeln) 5-mal, 2 fM, 1 Km.

Runde 13: 1 Lm, (3 fM, 2 fM zus häkeln) 6-mal, 1 Km.

Runde 14: 1 Lm, (2 fM, 2 fM zus häkeln) 6-mal, 1 Km.

Runde 15: 1 Lm, 18 fM, 1 Km. Das Garn abschneiden, einen langen Faden stehenlassen und durchziehen.

Abbildung für Runde 1

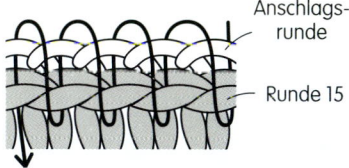

Anschlagsrunde
Runde 15

Anschlagsrunde, 18 M

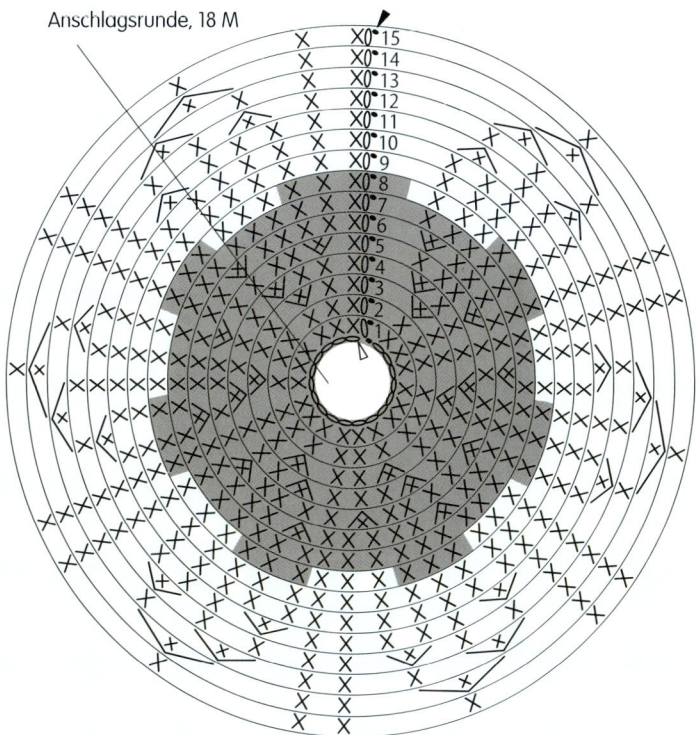

Fertigstellung

Den Donut mit Füllwatte füllen. Den Faden dazu verwenden, um Reihe 15 mit dem Überwendlingsstich an die Lm der Anschlagsrunde zu nähen (siehe Abb. oben). Alle Enden vernähen.

Material

- Mittleres Garn (Gemisch aus Wolle und Acryl) in der Farbe Ihrer Wahl, 5,5 m (2 g)

Handarbeitszeug

- Häkelnadel, 2,5 mm
- Stick- oder Garnnadel
- Füllwatte (kleine Menge)
- Verschließbarer Maschenmarkierer

Verwendete Maschen

Gehäkelt: Luftmasche (Lm), Stäbchen (Stb), feste Masche (fM), feste Masche zunehmen (fM zun), feste Masche abnehmen (2 fM zus häkeln) und Kettmasche (Km). (Siehe Seite 10–13 für detaillierte Anleitungen).

Spezielle Maschen/Techniken für diese Arbeit: V-Masche (VM): (1 Stb, 1 Lm, 1 Stb) in dieselbe Masche.

Um die Luftmasche herumhäkeln: Anstatt in beide Schlingen der Lm zu häkeln, die Nadel hinter die Anfangs-Lm und an den Platz zwischen den Maschen führen, um dort das Garn aufzunehmen und die Masche zu häkeln.

Bonbon, Seite A

6 Lm anschlagen. 1 Km in die 1. Lm häkeln, um den Ring zu schließen, und weiter rundhäkeln (siehe Seite 14 für genauere Anleitungen).

Runde 1: Um die Lm herumhäkeln, 1 Km, 6 fM, 1 Km.

Runde 2: 1 Lm, (1 fM zun) 6-mal, 1 Km.

Runde 3–6: 1 Lm, 12 fM, 1 Km.

Runde 7: 1 Lm (2 fM zus häkeln) 6-mal, 1 Km. Das Bonbon mit einer kleinen Menge Füllwatte füllen.

Runde 8: 4 Lm, 1 Stb in die 1. M, (VM) 5-mal, 1 Km. Das Garn abschneiden und durchziehen.

Bonbon, Seite B

Das Garn wieder am Anfang von Seite A einhäkeln. 4 Lm, 1 Stb in die 1. M, (VM) 5-mal, 1 Km. Das Garn abschneiden und durchziehen.

Fertigstellung

Knoten Sie ein Stück Garn um die beiden dünnsten Stellen des Bonbons und ziehen Sie es fest. Alle Enden vernähen.

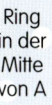
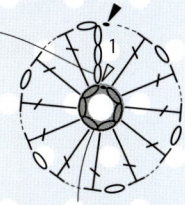
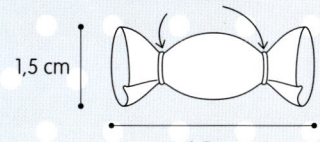

Weihnachts- feiertage

Kling, Glöckchen, klingelingeling!

Strümpfe & Stiefelchen

Kling, Glöckchen, klingelingeling!

Material
- Mittleres Garn (Gemisch aus Wolle und Acryl) in Rot, Gelb oder Weiß, 13,75 m (5 g) pro Glöckchen
- Mittleres Garn (Gemisch aus Wolle und Acryl) in Weiß oder Gelb, 2,75 m (1 g) pro Klöppel

Handarbeitszeug
- Häkelnadel, 2,5 mm
- Häkelnadel, 3 mm
- Stick- oder Garnnadel
- Zierband (wahlweise als Verzierung)

Verwendete Maschen
Gehäkelt: Luftmasche (Lm), Büschelmasche aus Stäbchen (Bm Stb), fM (fM), feste Masche zunehmen (fM zun), feste Masche abnehmen (2 fM zus häkeln) und Kettmasche (Km). (Siehe Seite 10–13 für detaillierte Anleitungen).

Große Glocke
Mit dem roten oder gelben Garn und der größeren Häkelnadel (3 mm) zum Rundhäkeln einen Fadenring bilden (siehe Seite 14 für detaillierte Anleitungen). Lassen Sie ein langes Garnende stehen, um damit später die Schlinge des Glöckchens zu häkeln!

Runde 1: 1 Lm, 5 fM, 1 Km in die 1. Lm. Das Garnende des Fadenringes zum Schließen festziehen.

Runde 2: 1 Lm, (1 fM zun) 5-mal, 1 Km.

Runde 3: 1 Lm, (1 fM, 1 fM zun) 5-mal, 1 Km.

Runde 4: 1 Lm, (2 fM, 1 fM zun) 5-mal, 1 Km.

Runde 5–10: 1 Lm, 20 fM, 1 Km.

Runde 11: 1 Lm, (1 fM, 1 fM zun) 10-mal, 1 Km.

Runde 12: 1 Lm, 30 fM, 1 Km. Das Garn abschneiden und einen Faden von etwa 15 cm stehenlassen und durchziehen.

Klöppel
In einer anderen Farbe mit der kleineren Häkelnadel (2,5 mm) 14 Lm anschlagen.

Ende des Klöppels: 1 Bm Stb in die 4. Lm, 3 Lm, 1 Bm Stb in dieselbe M wie die 1. Bm Stb. Das Garn abschneiden und einen Faden von etwa 15 cm stehenlassen und durchziehen.

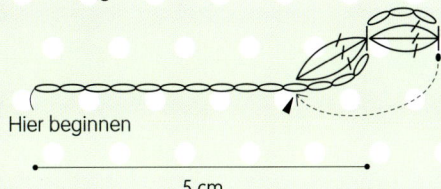

Hier beginnen

5 cm

Kleine Glocke

Mit dem roten oder gelben Garn und der größeren Häkelnadel (3 mm) zum Rundhäkeln einen Fadenring bilden. Lassen Sie ein langes Garnende stehen, um damit später die Schlinge des Glöckchens zu häkeln!

Runde 1: 1 Lm, 5 fM, 1 Km in die 1. Lm. Das Garnende des Fadenringes zum Schließen festziehen.

Runde 2: 1 Lm, (1 fM zun) 5-mal, 1 Km.

Runde 3: 1 Lm, (1 fM, 1 fM zun) 5-mal, 1 Km.

Runde 4–7: 1 Lm, 15 fM, 1 Km.

Runde 8: 1 Lm, (1 fM, 1 fM zun) 7-mal, 1 fM zun, 1 Km.

Runde 9: 1 Lm, 23 fM, 1 Km. Das Garn abschneiden und einen Faden von etwa 15 cm stehenlassen und durchziehen.

Fertigstellung

Um die obere Schlaufe zu häkeln, mit dem Garnende vom Anfang 15 Lm für die große Glocke und 10 Lm für das kleine Glöckchen häkeln. Die Schlinge mit 1 Km in die 1. Lm schließen.

Nähen Sie den Klöppel innen an die Spitze der großen Glocke. Vernähen Sie alle Enden, um beide Glocken fertigzustellen, und fügen Sie noch ein Zierband hinzu, wenn Sie das möchten.

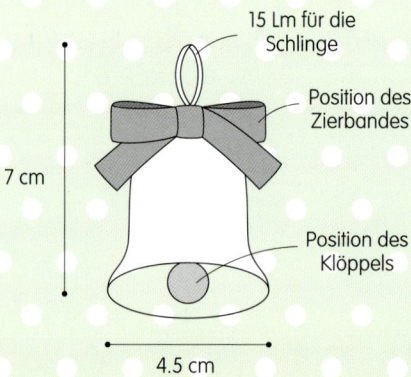

Strümpfe & Stiefelchen

Material

- Mittleres Garn (Gemisch aus Wolle und Acryl) in Rot, 11 m (4 g) pro Strumpf/Stiefelchen
- Mittleres Garn (Gemisch aus Wolle und Acryl) in Weiß, 2,75 m (1 g) pro Strumpf/Stiefelchen
- 4 Pompons, ca. 6 mm Durchmesser (nur für die Stiefelchen)

Handarbeitszeug

- Häkelnadel, 3,5 mm
- Stick- oder Garnnadel

Verwendete Maschen

Gehäkelt: Luftmasche (Lm), feste Masche (fM), feste Masche zunehmen (fM zun), feste Masche abnehmen (2 fM zus häkeln) und Kettmasche (Km). (Siehe Seite 10–13 für detaillierte Anleitungen).

Spezielle Maschen für diese Arbeit: 3 feste Maschen abnehmen (3 fM zus häkeln): Eine Schlinge durch die 1. M ziehen (Garn NICHT umschlagen und Masche NICHT fertigstellen), dann die Nadel in die 2. Masche stechen und durchziehen. Ein weiteres Mal wiederholen mit der 3. Masche. Sie haben nun 4 Schlingen auf der Nadel. Das Garn umschlagen und durch alle 4 Schlingen ziehen.

Einfach bezaubernd häkeln

Grundform des Strumpfes

Zum Rundhäkeln mit dem roten Garn einen Fadenring bilden.

Spitze

Runde 1: 1 Lm, 7 fM, 1 Km oben in die 1. Lm. Das Garnende des Fadenringes zum Schließen festziehen.

Runde 2: 1 Lm, (1 fM zun) 7-mal, 1 Km.

Runde 3–7: 1 Lm, 14 fM, 1 Km.

Ferse

Reihe 8–11: *Anmerkung: Die Reihen 8–12 werden in Hin- und Rückreihen und NICHT rund gehäkelt!* 1 Lm, 7 fM.

Reihe 12: 1 Lm, (1 fM, 2 fM zus häkeln) 2-mal, 1 fM. Das Garn abschneiden, einen Faden von etwa 20 cm stehenlassen und durchziehen. Die Rückseite der Ferse in der Mitte falten und mit dem Überwendlingsstich zunähen.

Bein

Das Garn an der Rückseite der Ferse wieder einhäkeln. 4 M auf jeder Seite der Ferse aufnehmen, um Runde 13 zu beginnen.

Runde 13: 1 Lm, 4 fM, (3 fM zus häkeln, 1 fM) 3-mal, 3 fM, 1 Km.

Runde 14–18: 1 Lm, 14 fM, 1 Km.

Runde 19: 1 Lm, 1 fM zun, 6 fM, 1 fM zun, 5 fM, 1 Km.

Runde 20–21: 1 Lm, 15 fM, 1 Km. Am Ende von Runde 21 das Garn abschneiden, einen Faden von etwa 20 cm stehenlassen und durchziehen.

Benutzen Sie das Muster für die Grundform für alle Strümpfe und Stiefel – jedoch mit folgenden Variationen:

Für Strumpf A: Weißes Garn in den Runden 14–15 und 18–19 verwenden.

Für Strumpf B: Weißes Garn für die Runden 19–21 verwenden.

Für Strumpf C: Weißes Garn für die Reihen 8–12 verwenden.

Für Stiefelchen: Weißes Garn für die Runden 19–21 verwenden, dann diese Runden nach unten falten und vorne an den Stiefel je 2 Pompons nähen.

Um die Arbeit fertigzustellen, alle Enden vernähen. Lassen Sie oben eine Schlinge stehen, wenn Sie dies wünschen.

Alle Strümpfe sind 5 x 5 cm groß

Ein Stiefelchen ist 5 x 4 cm groß

Babys Weihnachtsschühchen

TECHNIKSCHWERPUNKT:
Um eine Luftmaschenkette herumhäkeln

Viele Muster werden rundgehäkelt – jedoch nicht, indem ein Fadenring benutzt wird, sondern indem man auf beiden Seiten einer Luftmaschenkette häkelt. Hier zeigen wir Ihnen Schritt für Schritt, wie Sie in dieser Technik die entzückenden und weihnachtlichen Babyschuhe häkeln können. Bei komplexeren Mustern wie diesem hier ist es ratsam, sich an den Fotos zu orientieren, um zu sehen, wo die Stiche der nächsten Runde in der vorhergehenden Runde ansetzen.

Material
- Mittleres Garn (Gemisch aus Wolle und Acryl) in Rot, 43 m (20 g)

Abmessungen*
Die fertige Größe beträgt 9,5 x 5 x 4 cm.

*Beachten Sie, dass die Abmessungen nur ungefähr sind und je nach Spannung und Garnwahl variieren können.

Handarbeitszeug
- Häkelnadel, 3 mm
- Stick- oder Garnnadel
- 2 Knöpfe, ca. 13 mm

Anmerkungen zum Muster
Das Muster wird rundgehäkelt, wobei eine Luftmaschenkette die Basis hierfür ist. Die Arbeit wird in 2 Teilen, die nachher zusammengenäht werden, gehäkelt. Die kürzere Anleitung ohne die schrittweisen Anweisungen finden Sie ebenfalls hier.

Verwendete Maschen
Gehäkelt: Luftmasche (Lm), Stäbchen (Stb), Stäbchen zunehmen (Stb zun), Stäbchen abnehmen (2 Stb zus häkeln), halbes Stäbchen (hStb), feste Masche (fM), feste Masche zunehmen (fM zun) und Kettmasche (Km). (Siehe Seite 10–13 für detaillierte Anleitungen).

Einfach bezaubernd häkeln

Die Anschlagsreihe häkeln

1. 13 Lm anschlagen.

2. 3 weitere Lm häkeln.

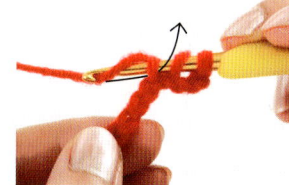

3. **Runde 1 mit 1 Stb beginnen:** Umschlag, Nadel von vorne nach oben in die 5. Lm, Umschlag.

4. Garn durchziehen, erneut Umschlag und durch 2 Schlingen durchziehen, wie auf dem Foto gezeigt.

5. Umschlag und durch die verbleibenden Schlingen ziehen.

6. Das 1. Stäbchen ist fertig..

7. Runde 1 weiterhäkeln: Stb in die Anschlagsmaschen häkeln. 11 Stb bis zur letzten M der Anschlagsreihe häkeln, 7 Stb in die 1. Lm häkeln. Das bringt Sie auf die andere Seite der Anschlagsreihe.

8. 11 Stäbchen, dann 6 Stäbchen in die letzte Lm der Anschlagsreihe häkeln. So gelangen Sie zurück an den Anfang.

9. 1 Km in die 3. Lm der Wendeluftmaschen, um Runde 1 fertigzustellen.

Babys Weihnachtsschühchen

10 **Runde 2:** 1 Lm, 1 fM zun. (* markiert den Rundenanfang).

11 In Runde 2 fortfahren: 3 fM, 4 hStb, 4 Stb.

12 (1 Stb zun) 7-mal für die Spitze.

13 Runde 2 fertigstellen: 4 Stb, 4 hStb, 3 fM, (1 fM zun) 6-mal, 1 Km.

14 **Runde 3:** 3 Lm, 49 Stb, 1 Km.

15 **Runde 4:** 3 Lm, 14 Stb.

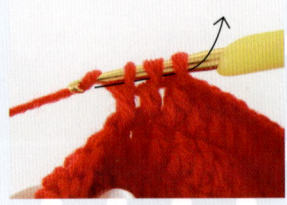

16 2 Stb zus häkeln wie folgt: Die Nadel in die nächste Masche stechen, als würden Sie ein Stb häkeln wollen und das Garn durchziehen. Umschlag und Garn durch 2 Schlingen auf der Nadel ziehen. Die Nadel in die nächste Masche stechen und das Garn wieder durchziehen.

17 Umschlag und durch 2 Schlingen auf der Nadel ziehen. Umschlag und durch alle Schlingen auf der Nadel ziehen, um die Abnahme fertigzustellen.

18 Runde 4 weiterhäkeln: 1 Stb, (2 Stb zus häkeln) 2-mal, 1 Stb, 2 Stb zus häkeln, 17 Stb, (2 Stb zus häkeln, 2 Stb) 2-mal, 1 Km häkeln, um Runde 4 fertigzustellen.

Einfach bezaubernd häkeln

19 **Runde 5:** 3 Lm, 10 Stb, [(2 Stb zus häkeln) 2-mal, 1 Stb] 3-mal, 18 Stb, 1 Km.

Runde 6: 1 Lm, 9 fM, 3 hStb, (2 Stb zus häkeln) 3-mal, 3 hStb, 17 fM, 1 Km.

Runde 7: 1 Lm, 35 fM, 1 Km.

20 Das Garn abschneiden, einen Faden von etwa 15 cm stehenlassen und durchziehen. Mit einer Garnnadel die Enden vernähen.

Riemchen häkeln und Einzelteile zusammennähen

1 17 Lm anschlagen

Reihe 1: In die 2. Lm von der Nadel häkeln und nur in die rückwärtige Schlinge häkeln, 16 fM.

Reihe 2: 2 fM, 3 Lm, 11 fM. (So entsteht das Knopfloch. Achten Sie darauf, die 3 M der letzten Reihe unter den 3 Lm zu überspringen.)

2 Das Garn abschneiden, einen Faden von etwa 30 cm stehenlassen und durchziehen.

3 Den langen Faden verwenden, um den Riemen an den Schuh zu nähen. Vorne eine Öffnung von 9 M offenlassen. Zum Fertigstellen den Knopf an der Seite des Schuhs annähen.

Babys Weihnachtsschühchen

Vereinfachtes Muster und Diagramm

Mit rotem Garn 16 Lm anschlagen (3 Lm für die Wm mitgezählt).

Runde 1: Mit der 5. Lm von der Nadel beginnen, 11 Stb, 7 Stb in die letzte Lm häkeln und auf der anderen Seite der Anschlagsreihe weiterhäkeln, 11 Stb, 6 Stb in die nächste Lm, 1 Km auf die Wm häkeln.

Runde 2: 1 Lm, 1 fM zun, 3 fM, 4 hStb, 4 Stb, (1 Stb zun) 7-mal, 4 Stb, 4 hStb, 3 fM, (1 fM zun) 6-mal, 1 Km.

Runde 3: 3 Lm, 49 Stb, 1 Km.

Runde 4: 3 Lm, 14 Stb, 2 Stb zus häkeln, 1 fM, (2 Stäbchen zus häkeln) 2-mal, 1 Stb, 2 Stb zus häkeln, 17 Stb, (2 Stb zus häkeln, 2 Stb) 2-mal, 1 Km.

Runde 5: 3 Lm, 10 Stb, [(2 Stb zus häkeln) 2-mal, 1 Stb] 3-mal, 18 Stb, 1 Km.

Runde 6: 1 Lm, 9 fM, 3 hStb, (2 Stb zus häkeln) 3-mal, 3 hStb, 17 fM, 1 Km.

Runde 7: 1 Lm, 35 fM, 1 Km. Das Garn abschneiden und durchziehen.

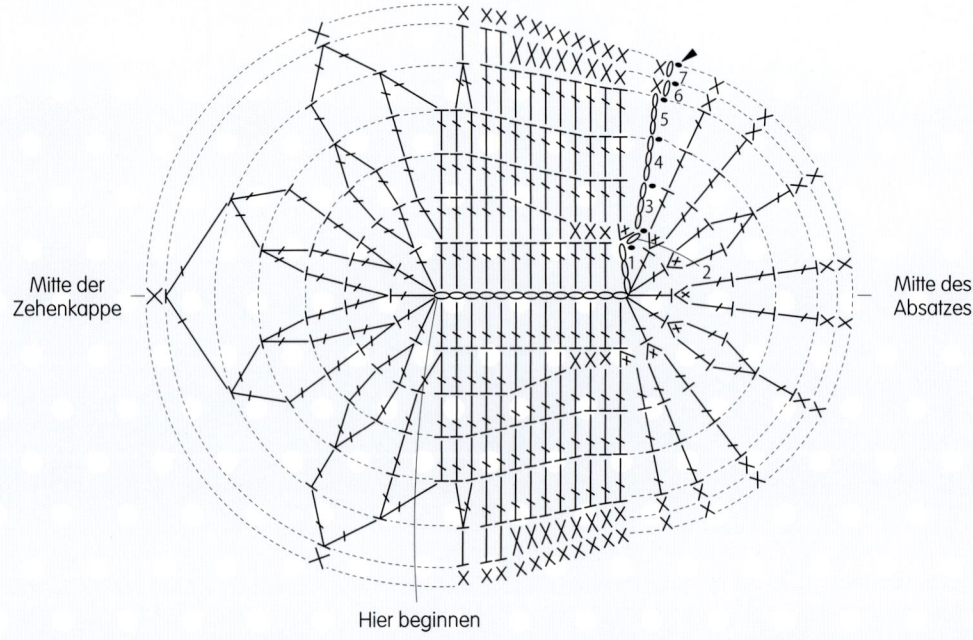

Mitte der Zehenkappe — Mitte des Absatzes

Hier beginnen

Riemchen (2-mal häkeln)

17 Lm anschlagen. In die rückwärtigen Schlingen der Anschlagsreihe häkeln.

Reihe 1: Mit der 2. Lm von der Nadel beginnen, 16 fM, 1 Lm.

Reihe 2: 2 fM, 3 Lm, 11 fM. Das Garn abschneiden, einen Faden von etwa 30 cm stehenlassen und durchziehen.

Dieses Muster können Sie auch für echte Babyschühchen verwenden! Verwenden Sie eine Babywolle aus Baumwolle oder Acryl in Rosa oder Blau, um einem kleinen, neuen Erdenbürger ein niedliches Geschenk zu machen!

Die Einzelteile zusammennähen

Den Riemen vorne am Schuh anbringen und dabei eine vordere Öffnung von etwa 9 M frei lassen. Den Knopf an den Schuh unter das Knopfloch nähen. Alle Enden zum Fertigstellen vernähen.

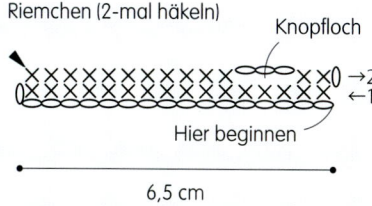

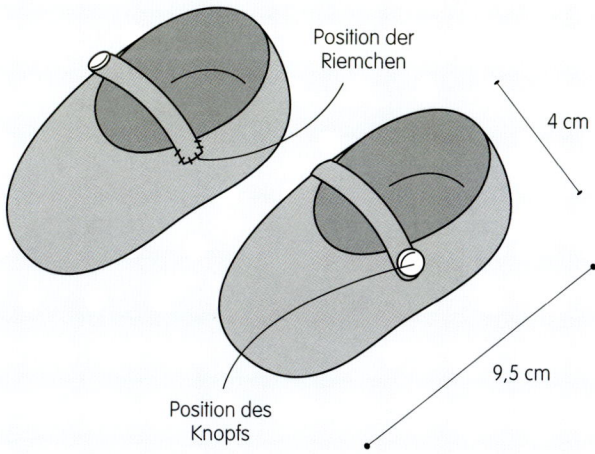

Babys Weihnachtsschühchen

Schneeflöckchen, Weißröckchen!

Prächtiger Stechpalmenkranz

Schneeflöckchen, Weißröckchen!

Material
- Mittleres Garn (Gemisch aus Wolle und Acryl) in Weiß, 9,25 m (3 g) pro Schneeflocke

Handarbeitszeug
- Häkelnadel, 2,5 mm
- Stick- oder Garnnadel

Verwendete Maschen

Gehäkelt: Luftmasche (Lm), Stäbchen (Stb), Büschelmasche aus Stäbchen (Bm Stb), feste Masche (fM), Popcornmasche (Pc) und Kettmasche (Km). (Siehe Seite 10–13 für detaillierte Anleitungen).

Spezielle Maschen für diese Arbeit: Doppeltes Stäbchen (dStb): Das Garn zweimal um die Nadel schlingen, bevor Sie die Nadel in die Masche stechen. Umschlag, das Garn durch 2 Schlingen ziehen. Diesen Schritt wiederholen, bis nur 1 Schlinge auf der Nadel bleibt.

Picot (P): 3 Lm, die Nadel in die 1. Lm stechen, dann 1 Km.

Einfach bezaubernd häkeln

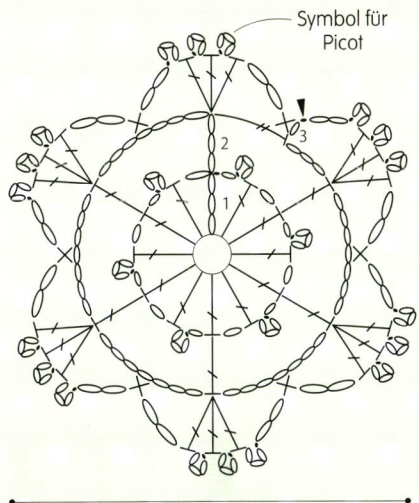

Symbol für Picot

7 cm

Schneeflocke A

Anmerkung: Halten Sie sich an das Häkeldiagramm, um zu sehen, wo in der Vorrunde Sie Ihre Maschen anbringen müssen.

Zum Rundhäkeln mit dem weißen Garn einen Fadenring formen (siehe Seite 14 für detaillierte Anleitung).

Runde 1: 3 Lm, (1 Lm, 1 Stb, 1 P, 1 Lm, 1 Stb) 6-mal. 1 Km in die Anfangs-Lm. Das Garnende des Fadenringes zum Schließen festziehen.

Runde 2: 3 Lm, (7 Lm, 1 Stb in das 2. Stb der letzten Runde) 5-mal, 3 Lm, 1 dStb in die Anfangs-Lm.

Runde 3: 1 Lm, 1 fM, (2 Lm, {1 Stb, 1 P} 3-mal, 2 Lm, 1 fM in die 4. Lm der vorigen Runde) 6-mal, 1 Km. Das Garn abschneiden, einen Faden von etwa 15 cm stehenlassen und durchziehen. Alle Enden vernähen.

Schneeflocke B (am Foto oben links)

Anmerkung: Halten Sie sich an das Häkeldiagramm, um zu sehen, wo in der Vorrunde Sie Ihre Maschen anbringen müssen.

Zum Rundhäkeln einen Fadenring formen.

Runde 1: 1 Lm, (1 fM, 3 Lm) 6-mal, 1 Km in die 1. Lm. Das Garnende des Fadenringes zum Schließen festziehen.

Runde 2: 1 Lm, (1 fM, 3 Lm, 1 Pc, 6 Lm, 1 Km in die 1. Lm, 7 Lm, 1 Km in dieselbe M, 5 Lm, 1 Km auf Pc, 3 Lm) 6-mal. 1 Km in die 1. Lm, um die Runde zu beenden. Das Garn abschneiden, einen Faden von etwa 15 cm stehenlassen und durchziehen. Alle Enden vernähen.

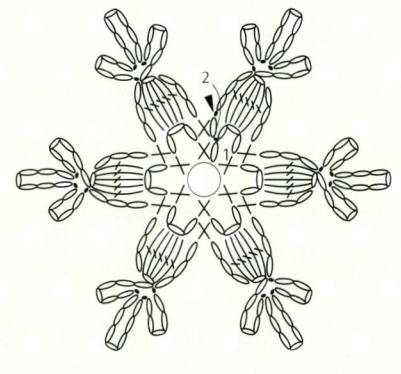

6 cm

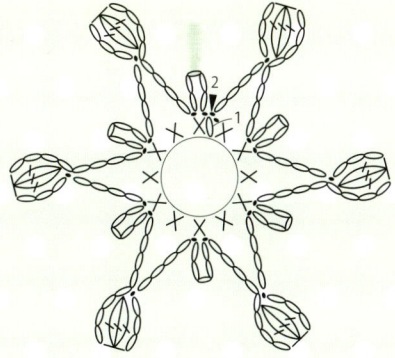

5,5 cm

Schneeflocke C (am Foto unten rechts)

Anmerkung: Halten Sie sich an das Häkeldiagramm, um zu sehen, wo in der Vorrunde Sie Ihre Maschen anbringen müssen.

Zum Rundhäkeln einen Fadenring formen.

Runde 1: 1 Lm, 12 fM, 1 Km in die 1. Lm. Das Garnende des Fadenringes zum Schließen festziehen.

Runde 2: 1 Km in die 1. fM der Vorrunde, (5 Lm, 1 Km in dieselbe M, 8 Lm, 1 Bm Stb in die 4. Lm von der Nadel, 3 Lm, 1 Km in dieselbe M, 4 Lm, 1 Km in die 3. fM der Vorrunde) 6-mal. 1 Km in die 1. Lm um die Runde fertigzustellen. Das Garn abschneiden, einen Faden von etwa 15 cm stehenlassen und durchziehen. Alle Enden vernähen.

Schneeflöckchen, Weißröckchen!

Prächtiger Stechpalmenkranz

Material
- Mittleres Garn (Gemisch aus Wolle und Acryl) in Braun, 13,75 m (5 g)
- Mittleres Garn (Gemisch aus Wolle und Acryl) in Grün und Rot, je 2,75 m (1 g)

Handarbeitszeug
- Häkelnadel, 3,5 mm
- Stick- oder Garnnadel

Verwendete Maschen
Gehäkelt: Luftmasche (Lm), feste Masche (fM), feste Masche abnehmen (2 fM zus häkeln) und Kettmasche (Km).
Nähen: Überwendlingsstich. (Siehe Seite 10–13 für detaillierte Anleitungen).

Kranz (2-mal häkeln)
Mit braunem Garn 46 Lm anschlagen.

Reihe 1: Mit der 2. Lm von der Nadel beginnen, 45 fM, 1 Lm.

Reihe 2: 45 fM. Das Garn abschneiden, einen langen Faden stehenlassen und durchziehen.

Stechpalmenblätter (2-mal häkeln)

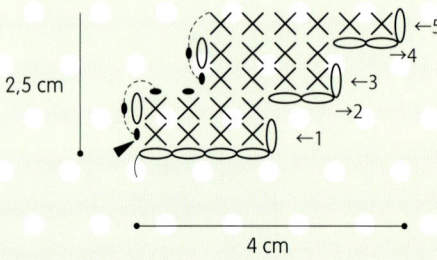

Mit dem grünen Garn 5 Lm anschlagen.

Reihe 1: Mit der 2. Lm von der Nadel beginnen, 4 fM, 1 Lm.

Reihe 2: 4 fM, 3 Lm.

Reihe 3: Mit der 2. Lm von der Nadel beginnen, 4 fM, 1 Lm.

Reihe 4: 4 fM, 3 Lm.

Reihe 5: Mit der 2. Lm von der Nadel beginnen, 6 fM. Mithilfe des Diagramms 6 Km entlang des Randes zurück zum Anfang häkeln. Das Garn abschneiden, einen Faden von etwa 20 cm stehenlassen und durchziehen.

Stechpalmenbeeren (3-mal häkeln)
Zum Rundhäkeln mit dem roten Garn einen Fadenring formen (siehe Seite 14 für detaillierte Anleitung).

Runde 1: 1 Lm, 6 fM, 1 Km in die 1. Lm. Das Garnende des Fadenringes zum Schließen festziehen.

Runde 2: 1 Lm, 6 fM, 1 Km.

Runde 3: 1 Lm, (2 fM zus häkeln) 3-mal, 1 Km. Das Garn abschneiden, einen Faden von etwa 15 cm stehenlassen und durchziehen.

Einzelteile zusammennähen

Einen Kranz der Länge nach in der Mitte falten und mit dem Überwendlingsstich zunähen. Dasselbe mit dem 2. Kranz wiederholen. Die beiden Teile miteinander verdrehen und die Enden zusammennähen, um einen Ring zu erhalten. Die beiden Blätter zusammennähen und dann die Beeren an die Blätter nähen. Die Stechpalmenblätter und -beeren über der Naht des Kranzes anbringen.

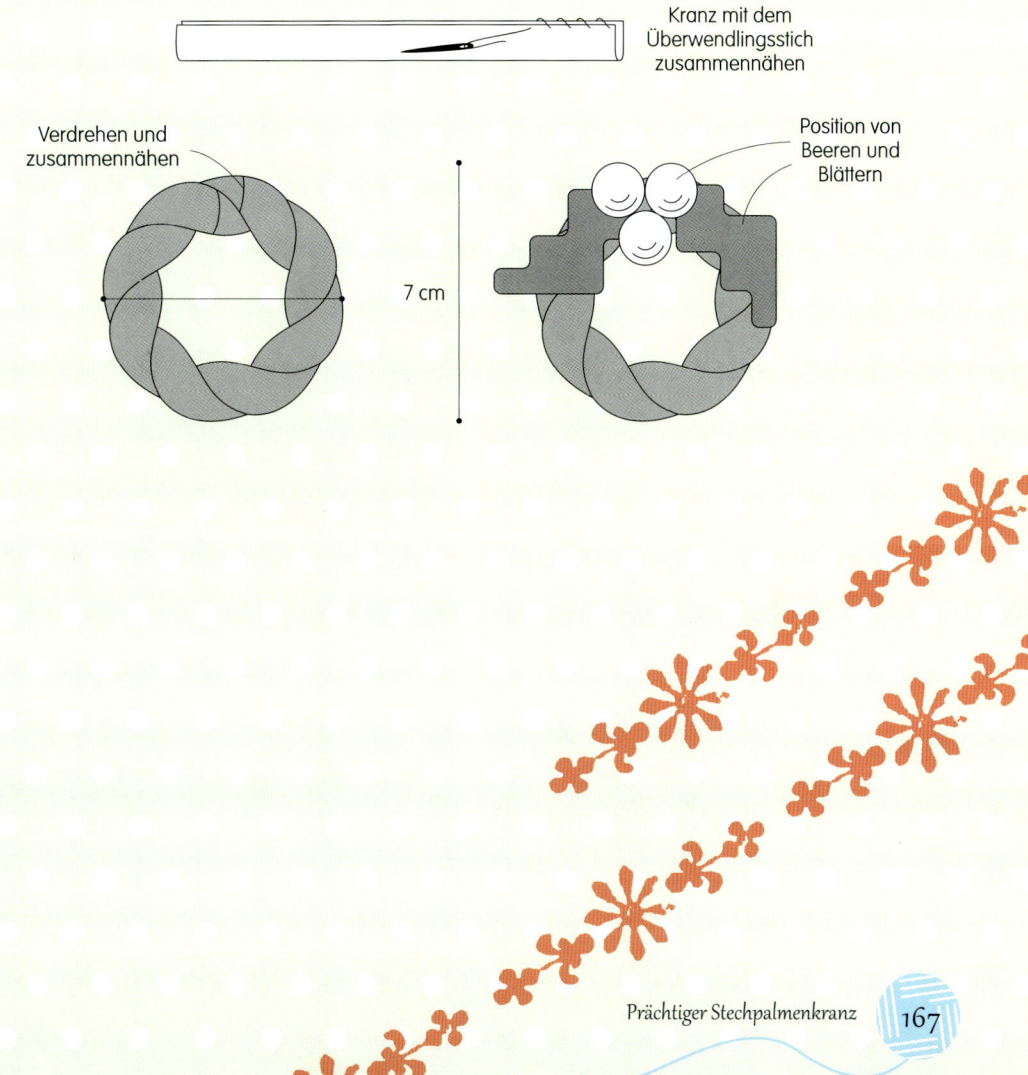

Kranz mit dem Überwendlingsstich zusammennähen

Verdrehen und zusammennähen

7 cm

Position von Beeren und Blättern

Prächtiger Stechpalmenkranz

Geschenk-schachteln

Material
- Mittleres Garn (Gemisch aus Wolle und Acryl) in der Farbe Ihrer Wahl, 15 m (7 g)
- Zierband oder buntes Garn, 50 cm pro Schachtel

Handarbeitszeug
- Häkelnadel, 3 mm
- Stick- oder Garnnadel
- Küchenschwamm oder Moosgummi (Würfel mit 3,5 cm Seitenlänge)

Verwendete Maschen
Gehäkelt: Luftmasche (Lm), feste Masche (fM) und Kettmasche (Km), in das hintere Maschenglied häkeln. Nähen: Überwendlingsstich. (Siehe Seite 10–13 für detaillierte Anleitungen).

Geschenkschachtel, Seite A

8 Lm anschlagen.

Reihe 1: Mit der 2. Lm von der Nadel beginnen, 7 fM, 1 Lm.

Anmerkung: Alle M der Reihen 9, 17 und 25 in das hintere Maschenglied häkeln.

Reihe 2–32: 7 fM, 1 Lm. Am Ende von Reihe 32 das Garn abschneiden, einen Faden von etwa 20 cm stehenlassen und durchziehen.

Geschenkschachtel, Seite B (2-mal häkeln)

8 Lm anschlagen.

Reihe 1: Mit der 2. Lm von der Nadel beginnen, 7 fM, 1 Lm.

Reihe 2–8: 7 fM, 1 Lm. Am Ende von Reihe 8 das Garn abschneiden, einen Faden von etwa 20 cm stehenlassen und durchziehen.

Einzelteile zusammennähen

Mit dem Überwendlingsstich die Reihen 1 und 32 der Seite A zusammennähen. Die beiden Seiten von B mit den Kanten der in das hintere Maschenglied gehäkelten Reihen zusammenlegen und im Überwendlingsstich anbringen. Den Schwamm oder den Moosgummi einsetzen, die zweite Seite zunähen und dabei die Kanten auf dieselbe Art ausrichten wie vorher. Alle Enden vernähen und am Ende das Zierband mit einer Schleife um die Schachtel binden.

Oh Tannenbaum!

Material

Für den großen Tannenbaum
- Mittleres Garn (Gemisch aus Wolle und Acryl) in Dunkelgrün, 35 m (16 g)

Für den mittleren Tannenbaum
- Mittleres Garn (Gemisch aus Wolle und Acryl) in Dunkelgrün, 18,5 m (8 g)
- Mittleres Garn (Gemisch aus Wolle und Acryl) in Hellgrün, 7,5 m (3 g)

Für den kleinen Tannenbaum
- Mittleres Garn (Gemisch aus Wolle und Acryl) in Hellgrün, 18,5 m (8 g)

Für den Weihnachtsbaum
- Mittleres Garn (Gemisch aus Wolle und Acryl) in Leuchtendgrün, 23 m (11 g)
- 21 kleine Perlen zum Aufsticken als Verzierung

Für alle Bäume
- Mittleres Garn (Gemisch aus Wolle und Acryl) in Braun, 9 m (14 g) pro Baum

Einfach bezaubernd häkeln

Handarbeitszeug

- Häkelnadel, 3,5 mm
- Häkelnadel, 4 mm
- Stick- oder Garnnadel
- Füllwatte (kleine Menge)
- Verschließbarer Maschenmarkierer

Verwendete Maschen

Gehäkelt: Luftmasche (Lm), Stäbchen (Stb), Stäbchen zunehmen (Stb zun), feste Masche (fM), feste Masche zunehmen (fM zun), Kettmasche (Km) und in das hintere Maschenglied häkeln.

Halten Sie sich an ein Grundmuster

Für den kleinen Tannenbaum: Verwenden Sie 1-mal Astgruppe A und 1-mal Astgruppe B.

Für den mittleren Tannenbaum: Verwenden Sie 2-mal Astgruppe A in verschiedenen Grüntönen und 1-mal Astgruppe B.

Für den großen Tannenbaum: Verwenden Sie 2-mal Astgruppe A und 2-mal Astgruppe B.

Für den Weihnachtsbaum: Verwenden Sie 2-mal Astgruppe A und 1-mal Astgruppe B.

Astgruppe A

Mit der größeren Häkelnadel (4 mm) und der Farbe Ihrer Wahl zum Rundhäkeln einen Fadenring bilden (siehe Seite 14 für eine detaillierte Anleitung).

Runde 1: 3 Lm, 5 Stb, 1 Km. Das Garnende des Fadenringes zum Schließen festziehen.

Runde 2: 3 Lm, 1 Stb in dieselbe M wie die Wm, (1 Stb zun) 5-mal, 1 Km.

Runde 3: 3 Lm, (1 Stb zun, 1 Stb) 5-mal, 1 Stb zun, 1 Km.

Runde 4: 1 Lm, (1 fM, 3 Lm, 2 Stb) in die 1. M. (2 M überspringen, 1 fM, 3 Lm, 2 Stb) 6-mal, 1 Km. Das Garn abschneiden, einen langen Faden stehenlassen und durchziehen.

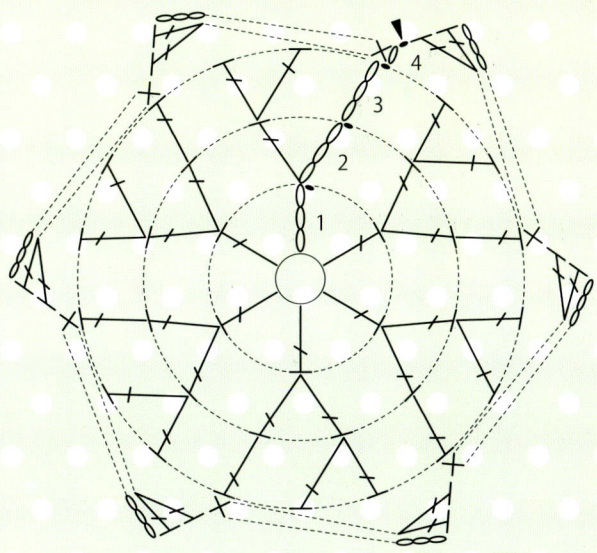

Oh Tannenbaum!

Astgruppe B

Mit der größeren Häkelnadel (4 mm) und dem Garn Ihrer Wahl zum Rundhäkeln einen Fadenring bilden.

Runde 1: 3 Lm, 7 Stb, 1 Km. Das Garnende des Fadenringes zum Schließen festziehen.

Runde 2: 3 Lm, 1 Stb in dieselbe M wie die Wm, (1 Stb zun) 7-mal, 1 Km.

Runde 3: 3 Lm, (1 Stb zun, 1 Stb) 7-mal, 1 Stb zun, 1 Km.

Runde 4: 1 Lm, (1 fM, 3 Lm, 2 Stb) in die 1. M. (2 M überspringen, 1 fM, 3 Lm, 2 Stb) 8-mal, 1 Km. Das Garn abschneiden, einen langen Faden stehenlassen und durchziehen.

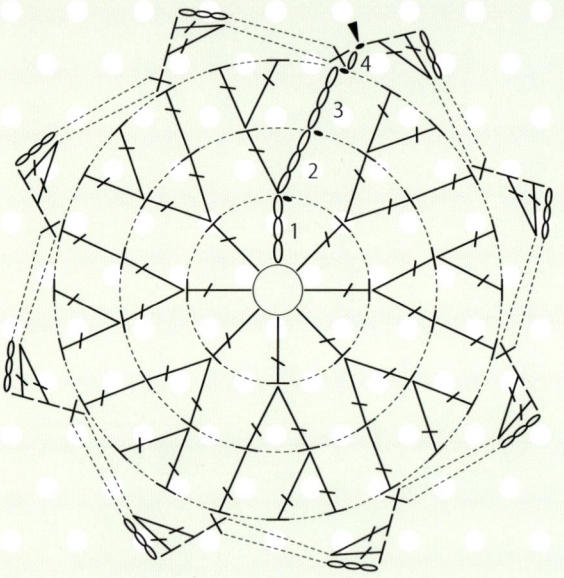

Baumstamm (für alle Bäume)

Mit der kleineren Häkelnadel (3,5 mm) und dem braunen Garn zum Rundhäkeln einen Fadenring bilden.

Runde 1: 1 Lm, 7 fM, 1 Km.

Runde 2: 1 Lm, (1 fM zun) 7-mal, 1 Km.

Runde 3: *Anmerkung: In dieser Runde alle M in das hintere Maschenglied häkeln.* 1 Lm, 14 fM, 1 Km.

Runde 4: 1 Lm, 14 fM, 1 Km.

Runde 5: 1 Lm, (5 fM, 2 fM zus häkeln) 2-mal, 1 Km.

Runde 6: 1 Lm, 12 fM, 1 Km.

Runde 7: 1 Lm, 2 fM, 2 fM zus häkeln, 4 fM, 2 fM zus häkeln, 2 fM, 1 Km.

Runde 8–9: 1 Lm, 10 fM, 1 Km.

Runde 10: 1 Lm, (3 fM, 2 fM zus häkeln) 2-mal, 1 Km.

Runde 11: 1 Lm, 8 fM, 1 Km.

Runde 12: 1 Lm, (2 fM, 2 fM zus häkeln) 2-mal, 1 Km. Das Garn abschneiden, einen langen Faden stehenlassen und durchziehen.

Einfach bezaubernd häkeln

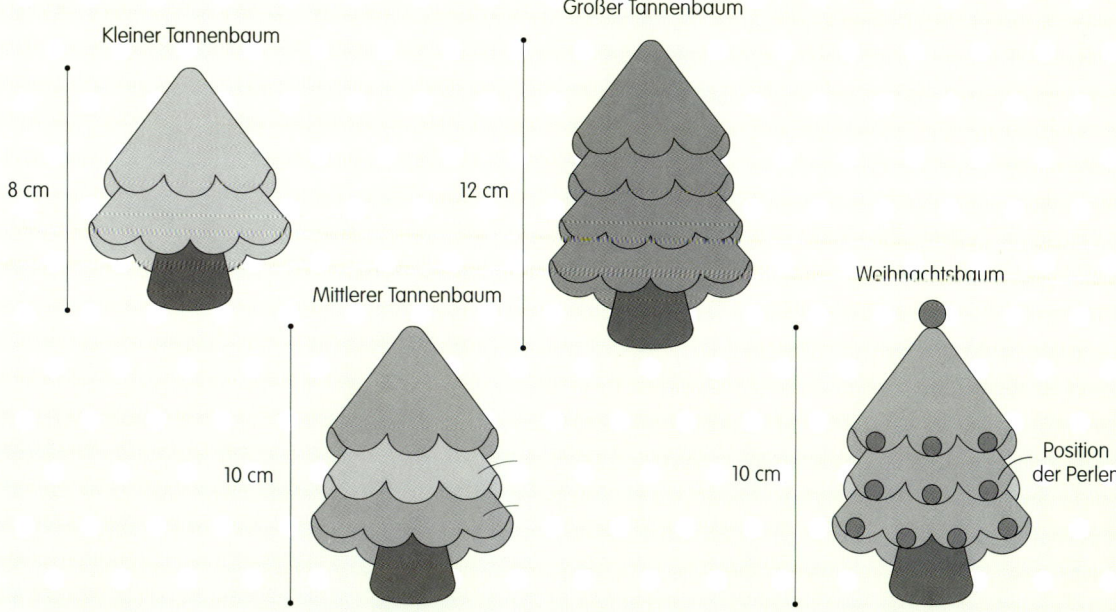

Einzelteile zusammennähen

Füllen Sie den Baumstamm mit Füllwatte. Weben Sie das Garnende um die oberste Reihe und ziehen Sie dieses dann fest, um den Stamm zu schließen. Schichten Sie die Astgruppen A auf die dazugehörigen Astgruppen B. Ziehen Sie das Garnende der obersten Astgruppe durch alle weiteren Astgruppen hindurch, knoten Sie sie oben an den Baumstamm und führen Sie das Garn wieder durch. Nähen Sie je eine Perle an die Astspitzen und auf die Spitze des Baumes, um den Christbaum zu schmücken. Vernähen Sie alle losen Enden, um den Baum fertigzustellen.

Oh Tannenbaum!

Abkürzungen

Hier ist eine kleine Übersicht über alle Abkürzungen, die in diesem Buch verwendet wurden.

0	Anleitung sooft wie angegeben häkeln
Bm Stb	Büschelmasche aus Stäbchen
Bm Stb zun	1 Büschelmasche aus Stäbchen zunehmen
cm	Zentimeter
fM	feste Masche
fM zun	feste Masche zunehmen
3 fM zun	3 feste Maschen aus 1 Masche zunehmen
2 fM zus häkeln	2 feste Maschen zusammenhäkeln
3 fM zus häkeln	3 feste Maschen zusammenhäkeln
g	Gramm
Km	Kettmasche
Lm	Luftmaschen
M	Masche, Maschen
m	Meter
mm	Millimeter
P	Picot
Pc	Popcornmasche
DStb	Doppelstäbchen
hStb	Halbes Stäbchen
Stb	Stäbchen
2 Stb zus häkeln	2 Stäbchen zusammenhäkeln (Abnahme)
3 Stb zus häkeln	3 Stäbchen zusammenhäkeln (Abnahme)
Stb zun	1 Stäbchen zunehmen
U	Umschlag
VM	V-Masche
Wm	Wendeluftmasche
zun	Zunehmen

Über die Autorin

Maki Oomaci ist Textilkünstlerin und Lehrerin der Tee-Zeremonie in Japan. Sie ist Autorin einiger japanischer Bücher über Essen und Handarbeiten.